PUBLICATIONS
DE L'ÉCOLE DES LANGUES ORIENTALES VIVANTES

SUPPLÉMENT

À

LA BIBLIOGRAPHIE CORÉENNE

(JUSQU'EN 1899)

PAR

MAURICE COURANT

ÉLÈVE DIPLÔMÉ DE L'ÉCOLE DES LANGUES ORIENTALES VIVANTES
SECRÉTAIRE-INTERPRÈTE POUR LES LANGUES CHINOISE ET JAPONAISE
MAÎTRE DE CONFÉRENCES À LA FACULTÉ DES LETTRES DE LYON
PROFESSEUR PRÈS LA CHAMBRE DE COMMERCE DE LYON

PARIS

IMPRIMERIE NATIONALE

ERNEST LEROUX, ÉDITEUR, RUE BONAPARTE, 28

MDCCCCI

O²
545

PUBLICATIONS

DE

L'ÉCOLE DES LANGUES ORIENTALES VIVANTES

———

IIIᵉ SÉRIE. — TOME XXI

———

SUPPLÉMENT

À

LA BIBLIOGRAPHIE CORÉENNE

(JUSQU'EN 1899)

SUPPLÉMENT

À

LA BIBLIOGRAPHIE CORÉENNE

(JUSQU'EN 1899)

PAR

MAURICE COURANT

ÉLÈVE DIPLOMÉ DE L'ÉCOLE DES LANGUES ORIENTALES VIVANTES
SECRÉTAIRE-INTERPRÈTE POUR LES LANGUES CHINOISE ET JAPONAISE
MAÎTRE DE CONFÉRENCES À LA FACULTÉ DES LETTRES DE LYON
PROFESSEUR PRÈS LA CHAMBRE DE COMMERCE DE LYON

PARIS

IMPRIMERIE NATIONALE

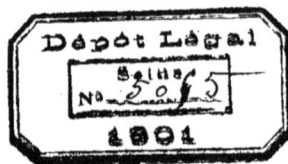

—

ERNEST LEROUX, ÉDITEUR, RUE BONAPARTE, 28

—

MDCCCCI

TABLE DES MATIÈRES.

AVERTISSEMENT.

La publication de ce supplément est due aux circonstances suivantes. M. Collin de Plancy, aujourd'hui ministre plénipotentiaire de France en Corée, réunit pendant son récent séjour à Séoul une nouvelle série de livres coréens, destinés à compléter la collection qu'il avait formée dans les années 1888 à 1891. De cette première collection, la partie la plus importante avait été offerte à l'École des Langues Orientales, qui avait enrichi ce premier fonds par diverses acquisitions. Parmi les ouvrages arrivés l'an dernier en France, ceux qui présentent le plus d'intérêt pour l'histoire de l'imprimerie en Corée ont figuré dans le pavillon coréen à l'Exposition universelle; la presque totalité, d'ailleurs, de cette nouvelle série a encore été, soit avant, soit après l'Exposition, donnée à l'École des Langues Orientales, dont le fonds coréen se trouve ainsi le plus riche qui existe. M. Collin de Plancy, m'ayant demandé d'examiner les livres qu'il rapportait, s'entendit ensuite avec M. Barbier de Meynard, membre de l'Institut, administrateur de l'École des Langues Orientales, qui jugea utile de faire paraître, dans la collection des publications de l'École, les notices que j'avais rédigées.

On voit que le Supplément à la Bibliographie Coréenne comprend avant tout des ouvrages existant à Paris à la disposition des sinologues. Toutefois le nouveau volume n'aurait pu être tenu pour complet à ce jour, si je n'y eusse fait entrer deux séries de renseignements : d'abord, l'indication de divers livres dont j'ai trouvé mention, ou que j'ai vus, depuis l'achèvement de ma Bibliographie; et, en second lieu, des références aux publications européennes relatives à quelques-uns des ouvrages qui sont décrits soit dans les trois premiers volumes, soit dans celui-ci. J'ai profité aussi de la circonstance pour corriger quelques erreurs; je ne puis croire cependant qu'il n'en subsiste pas encore plus d'une; tous ceux qui ont la pratique de la sinologie savent combien il est difficile de n'en pas laisser échapper, avec les documents imprécis ou contradictoires, avec les instruments insuffisants dont nous disposons.

Chaque fois que j'ai rappelé un ouvrage indiqué dans la Bibliographie, j'ai
renvoyé à son numéro primitif. J'ai conservé de mon premier travail les divisions, les systèmes de transcription, l'usage des italiques pour les noms coréens
et pour les numéros des livres renfermant des caractères coréens. Des raisons
de typographie ont fait employer pour les noms chinois des italiques petites
capitales et réduire autant que possible le nombre des caractères chinois; de
même, on n'a pas inséré de lettres coréennes, la transcription latine rendant
un compte exact de l'orthographe en *en-moun*.

Il est bon de noter aussi que tous les ouvrages de la collection Varat sont
entrés au musée Guimet, sauf le n° 1319; toutefois je n'ai pas procédé à un
récolement, pour m'assurer du fait, volume par volume.

Je dois donner maintenant quelques indications générales sur les principaux
ouvrages notés dans ce Supplément. On remarquera la série complète des
grands recueils législatifs (n°s 3397 à 3401), dont je n'avais vu que les derniers. Les n°s 3441, 3442, 3446, 3608, 3609, 3611, 3612, avec quelques
ouvrages entrés précédemment à l'École des Langues, permettront de faire
l'histoire complète de la Corée, depuis les origines jusqu'au milieu du XIXᵉ siècle;
bien d'autres volumes, mémoires, biographies, collections de tel ou tel auteur,
qu'il serait trop long d'énumérer, fourniront un appoint important de
documents historiques. Je n'avais pu comprendre dans la Bibliographie Coréenne qu'un petit nombre d'inscriptions; cette fois, j'ai été en mesure d'aug-
menter beaucoup cette partie et de donner un catalogue, certes incomplet,
du moins considérable, des documents épigraphiques qui ont été recueillis en
copies, estampages ou photographies. Je signalerai les n°s 3540 et 3525, les
deux plus anciennes inscriptions connues qui aient été érigées dans les États
coréens. L'École des Langues Orientales possède, dans le fonds donné par
M. Collin de Plancy, plusieurs estampages intéressants; j'ai été assez heureux
pour enrichir aussi cette section de la même bibliothèque de quelques numéros
(n°s 2366, 3516, 3523, 3532 I, 3540, 3675, 3676).

Il y a dix ans, lors de mon premier travail, je ne connaissais encore qu'un
très petit nombre de ces études géographiques locales, qui sont pour la plupart
appelées *tji*; cette série est aujourd'hui copieusement représentée par des volumes presque tous manuscrits (n°s 3646 à 3663, le n° 3652 n'ayant pas
moins de 54 volumes). Le n° 3641, existant et dans la Bibliothèque de l'École

et dans la collection privée de M. Collin de Plancy, est une très rare géographie générale de la Corée, publiée pour la seconde fois au xvıᵉ siècle, et dont je n'avais pu voir qu'un exemplaire incomplet, qui est à Tôkyô, au To siyo kuwan (n° 2228).

Le n° 3735, que j'avais décrit après un examen sommaire (n° 162), donne un résumé de ce que les bonzes coréens savent de la langue sanscrite. Quelques ouvrages bouddhiques paraissent gravés anciennement (nᵒˢ 3730, 3740). Le n° 3738 pose un problème curieux. Le roi *Htai-tjong*, dans un édit de 1403 (n° 1673), se vante d'avoir inventé les types mobiles en cuivre, qui depuis lors ont été souvent employés. Or, le volume en question a été imprimé avec des caractères fondus, mobiles, en 1377. Le roi s'est-il attribué le mérite d'une idée appliquée plus de vingt ans avant son règne? Comment concilier ces faits divergents? Peut-être des trouvailles ultérieures nous l'apprendront-elles.

Un chapitre qui a reçu une extension importante est celui des ouvrages protestants, dont un grand nombre sont entrés à l'École des Langues Orientales. Plusieurs sont antérieurs à 1890, mais je n'en avais pas eu connaissance. La rédaction des notices où ils sont décrits m'a été facilitée par les indications que les missions protestantes elles-mêmes ont bien voulu fournir à Mgr Mutel, vicaire apostolique de Corée, et que celui-ci a eu l'obligeance de me transmettre.

Enfin l'indépendance du pays a amené la formation, ou plutôt le développement d'un nouveau style et d'une nouvelle langue écrite, mis en usage surtout dans une nouvelle classe de livres destinés à l'éducation (instruction primaire, nᵒˢ 3244, 3245, 3246, 3248; histoire, nᵒˢ 3447, 3448, 3449, 3622, 3623; géographie, nᵒˢ 3637, 3643, 3666, 3668, 3669; arithmétique, nᵒˢ 3672, 3673), mais aussi dans des recueils de lois (nᵒˢ 3418, 3419), dans des journaux quotidiens ou trihebdomadaires (nᵒˢ 3815 à 3821). Jusqu'alors, on écrivait en chinois ou en coréen; les deux langues n'étaient mélangées que dans un très petit nombre de pièces; toute cette nouvelle littérature emploie les caractères chinois pour les radicaux des mots, les lettres coréennes pour les particules et pour les terminaisons verbales. On peut voir là une imitation du Japon, où presque tous les livres sont, depuis des siècles, écrits en un style mélangé analogue; le résultat de cette évolution peut être, et de répandre l'instruction, et de créer une littérature en langue coréenne (on sait que cet idiome ne sortait guère des romans et des chansons). Cette tendance a fait naître immédiatement une grammaire coréenne (n° 3264), la première qui ait été écrite par un Coréen et en coréen; ce travail n'est d'ailleurs qu'une ébauche.

Il me reste, en terminant, à remercier S. G. Mgr Mutel des indications nombreuses et précises qu'il a bien voulu me fournir depuis mon départ de Séoul et qui doivent une valeur particulière à sa science approfondie; à remercier aussi MM. Barbier de Meynard et Collin de Plancy, dont la bienveillance a rendu possibles la rédaction et l'impression de ce Supplément; je les prie d'agréer l'expression de ma gratitude.

SUPPLÉMENT

À

LA BIBLIOGRAPHIE CORÉENNE.

LIVRE PREMIER. — ENSEIGNEMENT.

CHAPITRE PREMIER. — ÉDUCATION.

3241.

I.

Tchyen tjă moun (TSHIEN TSEU OEN) (n° 3, III).

1 vol. in-folio. (L. O. V.)

II. 玉堂釐正字義韻 律海篇心鏡

Ok tang ri tjyeng tjă eui oun ryoul hăi hpyen sim kyeng. — Recueil de textes revus par les Compositeurs royaux.

1 vol. petit in-8°. (C. P.)

Premier livre seul contenant le *Tchyen tjă moun* (n° 3) en caractères sigillaires et en caractères LI. Gravé à *Tjyei-tjyou* 濟州 en l'année *kyeng-in*.

3242.

Kyek mong yo kyel (n° 17).

1 vol. in-4° formant 2 livres. (L. O. V.)

Préface composée par le Roi, écrite par *Ri Pyeng-mo* 李秉模 (1788); préface de l'auteur *Ri I* 李珥 (1577).

3243.

Mong hak să yo (n° 140). — Éléments pour les enfants.

1 vol. in-4°. (L. O. V.)

Titre en grands caractères. Ouvrage de *Kim Yong-meuk* 金用默, nom littéraire *Syeng-eun* 城隱. En bas des pages, résumé de la morale, de la philosophie, de l'histoire, en grands caractères; en haut des pages, notes en petits caractères.

3244. 小學讀本

Syo hak tok pon. — Livre de lectures pour les écoles primaires.

1 vol. grand in-8° en 5 sections. (L. O. V.)

Titre en grands caractères. Ouvrage en coréen (caractères chinois et *en-moun*), composé et gravé pour le Ministère de l'Instruction (1895). Lectures morales avec exemples anecdotiques.

3245. 國民小學讀本

Kouk min syo hak tok pon. — Livre de lectures pour les écoles primaires.

1 vol. grand in-8° en 41 sections. (L. O. V.)

Titre en grands caractères. Ouvrage en coréen (caractères chinois et *en-moun*) composé et gravé pour le Ministère de l'Instruction (1895). Lectures historiques, géographiques, morales, etc.

3246. 牖蒙彙編

You mong houi hpyen. — Premières notions pour les enfants.

1 vol. grand in-8° formant 2 livres. (L. O. V.)

Ouvrage en coréen (caractères chinois et *en-moun*) exposant les principes de la morale et de l'histoire jusqu'en 1644, publié par le Ministère de l'Instruction (1895).

3247.

Tcho hak en moun. — Korean primer.

1 vol. petit in-8°, papier chinois teinté, 18 feuillets. (L. O. V.)

Titre en grands caractères. Lettres, syllabes, mots, petites phrases; à la fin, récits faciles sur le protestantisme. Par Mⁿ M. B. Jones (1895).

3248. 新訂尋常小學

Sin tyeng sim syang syo hak. — Leçons pour les écoles primaires

2 vol. grand in-8° formant 2 livres. (L. O. V.)

Alphabet et syllabaire coréens. Préface en coréen (caractères chinois et *en-moun*) sans nom d'auteur (1896). Table des matières en tête de chaque livre. Leçons faciles avec figures, relatives à la vie de chaque jour. A la fin de chaque volume, liste des publications du Ministère de l'Instruction.

CHAPITRE II. — MANUELS ÉPISTOLAIRES.

3249.

Kan tok tjyel yo (n° 33).

1 vol. in-12. (L. O. V.)

Ouvrage analogue aux nᵒˢ 29 à 32; à la fin, table des distances de Séoul aux principales villes de Corée.

LIVRE II. — ÉTUDE DES LANGUES.

CHAPITRE PREMIER. — LANGUE CHINOISE.

3250. 古今韻會舉要

Ko keum oun hoi ke yo (*Kou kin yun hoei kiu yao*) (n° 2843). — Dictionnaire par ordre de rimes.

14 vol. in-folio. (L. O. V.)

Par *Hoang Kong-chao* 黃公紹 et *Hiong Tchong* 熊忠, originaires l'un et l'autre de *Tchao-oou* 昭武. Préfaces de *Lieou Tchhen-oong* 劉辰翁 (1292), de *Hiong Tchong* (1297), de *Yu Khien* 余謙 (1332): ce dernier rapporte que l'empereur *Oen-tsong* a fait graver l'ouvrage. Avertissement. Tableau des caractères dans l'ordre des rimes dressé par le Ministère des Rites de Péking.

Dictionnaire en 3o livres; citations nombreuses avec indication des sources.

Postface de *Ri Sik* 李植 (xvii° siècle) pour la réimpression coréenne.

A la suite :

韻會玉篇

Oun hoi ok hpyen (n° 54). — Vocabulaire.

2 livres.

Introduction par *Tchoi Syei-tjin* 崔世珍 (1536). Liste des rimes avec renvois au dictionnaire. Liste de 109 clefs : les caractères sont rangés sous les 109 clefs, sans explication, avec renvois aux rimes.

3251.

Yek e ryou käi (n° 57).

Un exemplaire de cet ouvrage, avec annotations de Callery, semble avoir figuré dans la bibliothèque de ce sinologue; il a été vendu sous le titre de *Y you lei tseu* (Catalogue des livres chinois provenant de la bibliothèque de feu M. J. M. Callery, Paris, 1876).

3252.

E rok käi. — Vocabulaire des expressions du chinois vulgaire.

1 vol. grand in-8°. (L. O. V.)

Ouvrage de l'école de *Htoi-kyei* 退溪 pour l'explication des *Yu lou, E rok* (Entretiens des personnages célèbres). Postface de 1597. Différent du n° 79 qui est composé de deux parties : un autre vocabulaire des expressions vulgaires et un vocabulaire du *Syou ho tji.*

3253. 蒙喩篇

Mong you hpyen. — Vocabulaire par ordre méthodique.

1 vol. grand in-8° comprenant 2 livres. (L. O. V.)

Par *I-i-han* 而巳广. Recueil d'expressions et de noms propres avec quelques traductions coréennes. Imprimé en caractères mobiles en l'année *kyeng-o.*

3254.

Tjyoung kan ro keul tai en käi (n° 86).

2 vol. in-4° formant 2 parties (65 + 67 feuillets). (L. O. V.)

Planches légèrement plus petites que celles du n° 86.

3255.

Sin syek pak htong sä en käi (n° 93).

3 vol. in-4° formant 3 livres. (L. O. V.)

CHAPITRE II. — LANGUE MANTCHOUE.

3256.

Tchyen tjä moun.

1 vol. petit in-8°, incomplet à la fin. (C. P.)

Texte chinois et traduction en mantchou, impression coréenne.

Comparer n° 96.

3257.

Syo ă ron (n° 99).

1 vol. in-folio, exemplaire imprimé. (L. O. V.)

Analogue au n° 98; à la fin, notice de *Ri Tam* 李湛 (1777).

3258.

Hpal syei ă (n° 102).

1 vol. in-folio, exemplaire imprimé. (C. P.)

3259.

Sin syek tchyeng e ro keul tai (n° 114).

8 vol. in-folio formant 8 livres, exemplaire imprimé. (L. O. V.)

3260.

Tjyoung kan sam yek tchong kăi (n° 116).

10 vol. in-folio formant 10 parties, exemplaire imprimé. (L. O. V.)

CHAPITRE III. — LANGUE MONGOLE.

3261.

Mong e ro keul tai (n° 128).

8 vol. in-folio formant 8 livres, exemplaire imprimé. (L. O. V.)

3262.

Tchyep kăi mong e (n° 138).

4 vol. in-folio, exemplaire imprimé. (C. P.)

CHAPITRE IV. — LANGUE JAPONAISE.

3263.

Kăi syou tchyep kăi sin e (n° 156).

12 vol. in-folio formant 10 livres, exemplaire imprimé. (L. O. V.)

Préface de *Hong Kyei-heui* 洪啓禧 (1748); avertissement, rapport, décret royal, liste des surveillants de l'impression.

CHAPITRE VI. — LANGUE CORÉENNE.

3264. 國文正理

Kouk moun tjyeng ri. — Grammaire coréenne.

1 vol. grand in-8°, 2 + 12 feuillets. (C. P.)

Ouvrage en coréen de *Ri Pong-moun*, avec préface de l'auteur. Impression récente sans date.

LIVRE III. — CONFUCIANISME.

CHAPITRE PREMIER. — LIVRES CANONIQUES ET CLASSIQUES.

3265. 春秋左氏傳

Tchyoun tchyou tja si tjyen (*Tchhoen tshieou tso chi tchoan*) (n° 198).

17 vol. in-folio. (C. P.)

Superbe impression sur très beau papier.

3266. 御定大學類義

E tyeng tai hak ryou eui. — Explication méthodique du *Ta hio*, composée par ordre royal.

10 vol. in-folio formant 21 livres.

Ouvrage préparé par ordre de *Tjyeng-tjong* (1799), imprimé en caractères mobiles (1805); préface de *Kim Tjo-syoun* 金祖淳. Avertissement, liste des fonctionnaires chargés de la publication.

3267. 御筆孟子諺解

E hpil mǎing tjǎ en kǎi. — Le *Meng-tseu* avec traduction coréenne, transcrit par le Roi *Ouen-tjong*.

7 vol. in-folio formant 14 livres. (L. O. V.)

Texte avec transcription et traduction; commentaire en coréen (caractères chinois et *en-moun*). Postface royale (1753?), où l'auteur rappelle que son ancêtre a composé le commentaire et écrit l'ouvrage de sa main.

Comparer n° 221.

3268. 孝經大義

Hyo kyeng tai eui. — Le *Hiao king* commenté.

1 vol. in-folio. (L. O. V.)

Titre en grands caractères *li*. Ouvrage gravé à la Cour des Explicateurs du Prince héritier en l'année *keui-myo*; réimpression récente. Préface de *Hiong Hoo* 熊禾 (1305); textes en grands caractères d'après *Tchou Hi* 朱熹 et notes de *Tong Ting* 董鼎, de *Phoo-yang* 鄱陽. Notice finale de *Siu Koan* 徐貫 de *Choen-an* 淳安 (1486). Postface de *Ryou Syeng-ryong* 柳成龍 (1589).

CHAPITRE III. — PHILOSOPHIE CLASSIQUE.

3269. 女四書

Nye sǎ sye (*Niu seu chou*). — Les Quatre Livres pour les femmes.

3 vol. in-folio formant 4 livres. (L. O. V.)

Avertissement. Table des matières, Préface de l'Empereur *Chen-tsong* pour le *Niu kiai* (1580), avec transcription et traduction en *en-moun*. Préface de la présente édition composée par le Roi (1736 ou 1796), avec transcription et traduction en *en-moun*; autre traduction complète en *en-moun*. Chacun des textes suivants est accompagné de la traduction coréenne.

1. 女誡

Nye kyei (*Niu kiai*). — Préceptes pour les femmes.

Par *Pan Tchao* 班昭 ou la Dame *Tsao*, *Tsao ta kou* 曹大家, fille de *Pan Pieou* 班彪 (3-54). Préface de l'auteur, texte en 7 sections.

2. 女論語

Nye ron e (*Niu loen yu*). — Le *Loen yu* des femmes.

Par *Song Jo-tchao* 宋若昭, originaire de *Pei-tcheou* 貝州 († en 825 ou 826). Préface et texte en 12 articles.

3. 內訓

Nǎi houn (*Nei hiun*). — Instructions domestiques.

Par l'Impératrice *Jen-hiao-oen* 仁孝文皇后, femme de l'Empereur *Tchheng-tsou*; préface de celui-ci (1405). Texte en 20 sections.

Cat. imp., liv. 93, f. 5.

4. 女範

Nye pem (*Niu fan*). — Règles pour les femmes.

Par la Dame *Oang*, née *Lieou* 劉, veuve de *Oang Tsi-king* 王集敬 (xvie siècle). Texte en 11 sections.

3270.

Syo hak tjip syeng (n° 2901). — Le *Siao hio* avec commentaires.

4 vol. in-folio formant 10 livres. (C. P.)

Préface de *Tchou Hi* 朱熹 (1187). Directions pour l'étude de l'ouvrage, liste des illustrations. Postface de *Tjyeng Rin-tji*

鄭麟趾 (1429). Gravé par ordre royal (1444).

Comparer nᵒˢ 234 à 241.

3271. 自警編

Tjǎ kyeng hpyen (*Tseu king pien*) (n° 2172). — Mémento moral, recueil de préceptes et d'exemples.

5 vol. in-folio formant 8 sections et un supplément; belle édition. (L. O. V.)

Préface de l'auteur *Tchao Chan-liao* 趙善璙 (1224). Table des matières classées d'après les principes moraux mis en lumière. Liste des sages et lettrés de la dynastie des *Song* dont les paroles et les actes sont relatés à titre d'exemples. Postface de l'auteur (1234). Postface de l'édition coréenne par *Song Si-ryel* 宋時烈 de *Eun-tjin* 恩津 (1664).

Cat. imp., liv. 123, f. 19.

3272. 朱子學的

Tjyou tjǎ hak tyek (*Tchou tseu hio ti*). — Principes de l'école de *Tchou-tseu*.

2 vol. in-4° formant 2 livres. (L. O. V.)

Préface de *Tchang Po-hing* 張伯行, surnom *Hiao-sien* 孝先, originaire de *Yi-fong* 儀封 (1709); préface de *Tchou Oou-pi* 朱吾弼 de *Kao-'an* 高安 pour une précédente réimpression (1606). Liste des disciples de *Tchou-tseu*. L'ouvrage est dû à *Khieou Siun* 丘濬, surnom *Tchong-chen* 仲深, de *Khiong-thai* 瓊臺. Notice de *Koo Lien* 郭濂 (1508). — Réimpression coréenne faite au moyen de caractères mobiles.

Cat. imp., liv. 95, f. 36.

3273. 達道集註大全

Tal to tjip tjou tai tjyen (*Ta tao tsi*

TCHOU TA TSHIUEN). — Traité de morale confucianiste.

3 vol. grand in-8° formant 3 livres (12 sections). (L. O. V.)

Titre en grands caractères. Ouvrage de *Hoang Chen-tshoen* 黃慎村, postnom *Pi-sieou* 泌秀, préface de l'auteur (1867). Introduction, texte annoté. Postface d'un éditeur coréen *Kim Ki-yen* 金耆淵, surnom *Kyeng-nyen* 景年 (1868); autre postface (1874). Gravé à la librairie *Mi-yang* 美陽 (1873).

3274.

Sam kang hăing sil to (n° 253).

3 vol. in-folio. (C. P.)

Autre édition qui paraît avoir été imprimée au *Kang-ouen* (1550?); la traduction coréenne et les illustrations sont différentes.

3275.

I ryoun hăing sil to (n° 275).

1 vol. in-folio. (C. P.)

Édition analogue à celle du numéro précédent; gravée par ordre du Gouverneur *Ri Hyeng-tja* 李衡佐 (1550?).

3276. 聖學十圖。聖賢道學淵源

Syeng hak sip to (n° 284). — *Syeng hyen to hak yen ouen.* — Dix figures explicatives de la doctrine confucianiste. — Origine de cette doctrine d'après les sages.

1 vol. in-folio. (L. O. V.)

Préface pour les deux ouvrages composée par le Roi, écrite par *Ri Tchyel-po* 李喆輔, à l'occasion de la réédition du premier

ouvrage et de la première édition du second; ces deux œuvres de *Htoi-kyei* 退溪 ont été imprimées ensemble par ordre royal avec postface de *O To-il* 吳道一 (1741). Rapport de l'auteur pour présenter le *Syeng hak sip to* (1568). Figures et texte; le second ouvrage est composé d'extraits des classiques et d'opinions des philosophes.

3277. 正俗新編

Tjyeng syok sin hpyen. — Traité pour réformer les mœurs.

1 vol. in-4° manuscrit. (L. O. V.)

Sans nom d'auteur ni date, postérieur à 1617.

Comparer n° 2922.

3278.

E tjyei tjă syeng hpyen (n° 294).

1 vol. in-folio formant 2 parties. (L. O. V.)

Préface composée par l'auteur, le Roi *Yeng-tjo*, écrite par *Ri Tchyel-po* 李喆輔 (1746); postface royale, écrite par le même fonctionnaire. Réédition avec une notice du Roi *Tjyeng-tjong*; liste des fonctionnaires chargés de l'impression.

3279.

1. 御製追慕錄

E tjyei tchyou mo rok. — Réflexions composées par le Roi sur diverses questions morales.

1 vol. in-4°. (L. O. V.)

Titre en grands caractères noirs, gravé au *Tjyen-ra*; l'ouvrage a été imprimé en caractères mobiles. Préface de l'auteur, le Roi *Yeng-tjo*, qui signe *Tjă-syeng-ong* 自醒翁 (1770); postface du même (1770). Liste des fonctionnaires chargés de l'impression.

2. 御製續永世追慕錄

E tjyei syok yeng syei tchyou mo rok.
— Réflexions composées par le Roi,
suite.

1 vol. in-4°. (L. ●. V.)

Titre semblable, gravé au *Tjyen-ra*; impression en caractères mobiles. Préface et
postface du Roi (1770). Liste des fonctionnaires chargés de l'impression.

3280. 御製孝弟篇

E tjyei hyo tyei hpyen. — Traité
du respect pour les parents et pour
les aînés, composé par le Roi.

1 vol. in-4°. (L. O. V.)

Impression faite par ordre royal; titre en
grands caractères écrit par le Roi. Traité et
notice finale sans date par le Roi *Yeng-tjo*.

3281. 士小節

Să syo tjyel. — Règles de morale
pour les lettrés.

2 vol. in-4° formant 8 livres. (L. O. V.)

Préface de 1775 par *Ri Tek-mou* 李德
懋, surnom *Mou-koan* 懋官, auteur de
l'ouvrage, qui a été publié par *Tchoi Syeng-
hoan* 崔瑆煥, surnom *Syeng-ok* 星玉.

3282. 原道攷

Ouen to ko. — Examen de la doctrine primitive.

1 vol. in-4°. (L. O. V.)

Titre en grands caractères. Ouvrage
gravé de nouveau à la librairie *Tjyoung-am*
重嵒 (1871) avec préface de *Ri Ho-myen*
李鎬冕 (1870). Avertissement. Exposé de
la philosophie chinoise; réfutation du chris-
tianisme et des théories occidentales, connus

à l'auteur par le *Thien hio khao* 天學考
de *'An Choen-an* 安順菴 (1785) et le
Ti kou tyen yo (n° 3664).

3283. 槐潭裴先生四書纂要

*Hoi tam păi syen săing să sye tchan
yo.* — Explication des principaux passages des Quatre Livres par *Păi Hoi-
tam.*

1 vol. in-4°. (L. O. V.)

Auteur : *Păi Syang-yel* 裴相說, surnom
Koun-hpil 君弼, originaire de *Heung-hăi*
興海 (1759-1789). Préface de *Ri Ton-ou*
李敦禹 (1882) pour l'édition de la même
année. Avertissement; liste des auteurs consultés. Tableaux et légendes pour le *Ta hio*;
dissertations sur le *Ta hio* et le *Siao hio*;
commentaires sur les passages importants
du *Ta hio*.

3284. 譚屑

Tam syel. — Réflexions diverses.

1 vol. in-4° formant 2 livres. (L. O. V.)

Par *Kim Tchyang-heui* 金昌熙, surnom
Syou-kyeng 壽敬, nom littéraire *Syek-reung*
石菱, de *Ouel-syeng* 月城. Préface par
Tchang Kien 張謇, surnom *Ki-tchi* 季直,
de *Thong-tcheou* au *Kiang-sou* 江蘇通州
(1883) et par *Tchou Ming-phan* 朱銘盤,
surnom *Man-kiun* 曼君, de *Thai-hing* 泰
興 (1883). A la fin, notice par l'auteur
(1883). Gravé en 1884.

3285. 儒學經緯

You hak kyeng oui. — Principes
de philosophie confucianiste.

1 vol. in-4°. (L. O. V.)

Par *Sin Keui-syen* 申箕善; préfaces de
Ri Kyeng-sik 李庚植 (1896), de *Kim
Tchăik-yeng* 金澤榮 (1896). Philosophie
et histoire de la philosophie avec quelques
figures.

LIVRE IV. — LITTÉRATURE.

CHAPITRE PREMIER. — POÉSIE.

3286. 賦彙

Pou houi. — Collection de *pou* (pièces descriptives rythmées).

Ouvrage de *Tjin Ouen-ryong* 陳元龍 cité par le *Mou yei to po htong tji.*

3287. 風謠續選

Hpoung yo syok syen (n° 355). — Second recueil de poésies populaires (en chinois).

3 vol. in-4° formant 7 livres. (L. O. V.)

Titre en grands caractères; ouvrage imprimé en caractères mobiles par ordre royal (1797). Préfaces de 1797 par *Hong Ryang-ho* 洪良浩, *Tjyeng Tchyang-syoun* 鄭昌順, *Ri Ka-hoan* 李家煥. Avertissement; table en tête de chaque livre. Ce recueil a été préparé par *Tchyen Syou-kyeng* 千壽慶, surnom *Koun-syen* 君善, de *Keum-kyei* 錦溪. Plusieurs postfaces de 1797.

3288.

Hpoung yo sam syen (n° 356).

3 vol. in-4° formant 7 livres. (L. O. V.)
Imprimé en caractères mobiles.

3289.

Tam yen tjäi si ko (n° 415).

2 vol. in-4° formant 7 livres. (L. O. V.)

Préface par *Sin Syek-heui* 申錫禧 de *Hpyeng san* 平山; notice de *Nam Pyeng-kil* 南秉吉.

3290. 觀水齋遺稿

Koan syou tjäi you ko. — Œuvres de *Koan-syou-tjäi.*

1 vol. in-4° formant 2 livres. (L. O. V.)

Préfaces de *Hong Syei-htai* 洪世泰 (année *pyeng-syoul*), de *Tjyo Eui-tjyoung* 趙毅仲 (année *sin-tchyou*). — 1er livre : poésies, la dernière est écrite en caractères chinois et *en-moun*; 2e livre : poésies de divers personnages, prières.

L'auteur *Hong Kyei-yeng* 洪啓英, surnom *Ye-ho* 汝豪, est mort à vingt ans, en l'année *eul-you*.

CHAPITRE II. — PROSE.

3291. 陶靖節集.

To tjyeng tjyel tjip (*THAO TSING TSIE TSI*). — Œuvres de *THAO TSING-TSIE.*

2 vol. in-4° formant 2 livres. (L. O. V.)

Édition coréenne sans date avec portrait de l'auteur. Table des œuvres en vers et en prose. Notice de *Ho MENG-TCHHOEN* 何孟春, surnom *TSEU-YUEN* 子元, originaire de *TCHHEN-TCHEOU* 郴州, qui a rédigé les notes (1518); préface de *TCHANG TCHI-CHOEN* 張志淳 (1520) et de *TCHHEN TCHHA* 陳察.

Comparer n°s 309, 310.

3292. 唐宋八大家文抄.

Tang song hpal tai ka moun tchyo
(*Thang song pa ta kia oen tchhao*). —
Choix des œuvres de huit hommes
célèbres de l'époque des *Thang* et de
celle des *Song*.

38 vol. in-fol. (L. O. V.)

Réimpression coréenne gravée à Tai-
kou 大丘 (1658). Préface générale par
l'éditeur *Mao Khoen* 茅坤 de *Koei-'an* 歸
安 (1579). Avertissement.

Cat. imp., liv. 189, f. 28.

1. 韓文公文抄

Han moun kong moun tchyo (*Han
oen kong oen tchhao*). — Choix
des œuvres de *Han Oen-kong*.

4 vol., formant 16 livres.

Introduction de l'éditeur; postface de
Mao 'An-chou 茅闇叔, petit-fils de l'éditeur (1631). Vie de l'auteur *Han Yu* 韓
愈, surnom *Thoei-tchi* 退之, originaire
de *Teng-tcheou* 鄧州 (768-824).

2. 柳柳州文抄

Ryou ryou tyou moun tchyo (*Lieou
lieou tcheou oen tchhao*). — Choix
des œuvres de *Lieou Lieou-tcheou*.

3 vol. formant 12 livres.

Introduction de l'éditeur. Vie de l'auteur *Lieou Tsong-yuen* 柳宗元, surnom
Tseu-heou 子厚, originaire de *Lieou-
tcheou* (773-819).

3. 歐陽文忠公文抄

*Ou yang moun tchyoung kong moun
tchyo* (*'Eou yang oen tchong kong oen
tchhao*). — Choix des œuvres de
'Eou-yang Oen-tchong-kong.

8 vol. formant 32 livres.

Introduction de l'éditeur. Vie de l'auteur *'Eou-yang Sieou* 歐陽脩, surnom
Yong-chou 永叔, originaire de *Yong-fong*
永豐 (1017-1072).

3 bis. 歐陽公史抄

Ou yang kong să tchyo (*'Eou yang
kong chi tchhao*). — Extraits des
histoires de *'Eou-yang*.

5 vol. formant 22 livres.

Introduction de l'éditeur. Extraits de
l'Histoire des Cinq Dynasties, *Oou tai chi*
五代史 (20 livres), et de la Nouvelle
histoire des *Thang*, *Sin thang chou* 新唐
書 (2 livres).

4. 蘇文公文抄

So moun kong moun tchyo (*Sou oen
kong oen tchhao*). — Choix des
œuvres de *Sou Oen-kong*.

2 vol., formant 10 livres.

Introduction de l'éditeur. Vie de l'auteur *Sou Siun* 蘇洵, surnom *Ming-yun* 明
允, originaire de *Mei-chan* 眉山 (1009-
1066).

5. 蘇文忠公文抄

So moun tchyoung kong moun tchyo
(*Sou oen tchong kong oen tchhao*).
— Choix des œuvres de *Sou Oen-
tchong-kong*.

6 vol. formant 28 livres.

Introduction de l'éditeur. Vie de l'auteur *Sou Chi* 蘇軾, surnom *Tseu-tchan*
子瞻, nom littéraire *Tong-pho* 東坡
(1036-1101), fils du précédent.

6. 蘇文定公文抄

So moun tyeng kong moun tchyo (Sou oen ting kong oen tchhao). — Choix des œuvres de *Sou Oen-ting-kong*.

4 vol. formant 20 livres.

Introduction de l'éditeur. Vie de l'auteur *Sou Tche* 蘇轍, surnom *Tseu-yeou* 子由, nom littéraire *Hong-pin* 汞頁濱 (1039-1112), frère du précédent.

7. 曾文定公文抄

Tjeung moun tyeng kong moun tchyo (*Tseng oen ting kong oen tchhao*). — Choix des œuvres de *Tseng Oen-ting-kong*.

2 vol. formant 10 livres.

Introduction de l'éditeur. Vie de l'auteur *Tseng Kong* 曾鞏, surnom *Tseu-kou* 子固, originaire de *Nan-fong* 南豐, docteur en 1057.

8. 王文公文抄

Oang moun kong moun tchyo (Oang oen kong oen tchhao). — Choix des œuvres de *Oang Oen-kong*.

4 vol. formant 16 livres.

Introduction de l'éditeur. Vie de l'auteur *Oang 'An-chi* 王安石, surnom *Kiai-fou* 介甫, originaire de *Lin-tchhoan* 臨川 (1021-1086).

3293.

A syong (n° 455).

2 vol. in-folio. (C. P.)

3294. 儷文程選。別集

Rye moun tjyeng syen. — *Pyel tjip*

(*Li oen tchheng siuen. — Pie tsi*). — Choix de compositions en prose.

6 vol. in-fol. formant 10 + 2 livres.(L. O. V.)

Préface de *Tcheng Po-tchhang* 鄭百昌, surnom *Te-yu* 德餘, de *Tsin-yang* 晉陽 (1631). Les compositions sont rangées suivant leur forme, édits, rapports, lettres, etc.; les noms des auteurs sont indiqués dans la table et en tête des morceaux. Avertissement sans date pour l'édition coréenne, imprimée en caractères mobiles.

3295.

Ryel syeng e tjyei pyel hpyen (n° 465).

1 vol. in-fol. (L. O. V.)

Livres 5 et 6 renferment des compositions des Rois *Syoun-tjo* et *Ik-tjong*. A la fin, liste des fonctionnaires chargés de l'impression.

3296. 正廟御製

Tjyeng myo e tjyei. — Œuvres du Roi *Tjyeng-tjong*.

22 vol. in-folio.

Comparer nᵒˢ 470 à 472.

3297.

Hpa han tjip (n° 499).

1 vol. in-4° formant 3 livres. (L. O. V.)

Par *Ri In-ro* 李仁老, avec postface de son fils *Syei-hoang* 世黃 (1200).

3298.

1. 冶隱先生言行拾遺

Ya eun syen saing en haing seup you. — Œuvres et vie de *Ya-eun*.

1 vol. in-4° formant 3 livres. (L. O. V.)

Œuvres diverses, documents généalogiques et biographiques, portrait. *Ya-eun*, nom et postnom *Kil Tjăi* 吉再, naquit en 1353 et mourut en 1419. Postfaces de 1573 par *Tchoi Eung-ryong* 崔應龍 et de 1615 par *Tjyang Hyen-koang* 張顯光.

2. 冶隱先生言行拾遺續集

Ya eun syen săing en hăing seup you syok tjip. — Œuvres et vie de *Ya-eun*, second recueil.

1 vol. in-4° formant 2 livres (manquent les livres 3 et 4). (L. O. V.)

Œuvres et pièces annexes. Une gravure.

Comparer n° 954.

3299. 橒軒集。後集。別集

Tjye hen tjip (n° 553) – *Hou tjip.* – *Pyel tjip.* — Œuvres de *Tjye-hen*, trois recueils.

2 vol. in-4° formant 2 + 1 + 1 livres. (L. O. V.)

A la suite des œuvres, généalogie et biographie de l'auteur (1415-1477). Postfaces de ses descendants *Ri Kyei* 李啓 (1587), *Ri Tyeng-koui* 李廷龜 (1630), *Ri Heui-tjyo* 李喜朝 (1705).

3300.

Ryouk syen săing you ko (n° 556).

2 vol. grand in-8° formant 3 livres (manque le livre 2). (L. O. V.)

3301. 成謹甫先生集

Syeng keun po syen săing tjip (n° 557 *bis*).

1 vol. grand in-8° formant 4 livres. (L. O. V.)

Œuvres diverses et biographie.

3302.

1. *Tchyem hpil tjăi tjip* (n° 558).

5 vol. in-folio formant 23 livres. (L. O. V.)

Œuvres en vers et en prose; les deux premiers feuillets du premier livre sont manuscrits.

2. 佔畢齋文集

Tchyem hpil tjăi moun tjip. — Œuvres en prose de *Tchyem-hpil*, autre recueil.

2 vol. in-folio formant 2 livres. (L. O. V.)

3. *I tjon rok* (n° 1947). — Histoire de *Kim Syouk-tjă*.

1 vol. in-folio formant 2 livres. (L. O. V.)

Par *Kim Tjong-tjik* 金宗直, fils de *Syouk-tjă* 叔滋. Préface de l'auteur (1480); préface de *Tjo Poul* 曹佛 (1497). Notice par l'auteur (1458); postface de *Kang Păik-tjin* 康伯珍 (1497). Origine et généalogie de la famille *Kim*; tableau chronologique de la vie de *Kim Syouk-tjă* (1389-1456). Biographies sommaires des contemporains remarquables. Vie de *Pak Hong-sin* 朴弘信, de *Mil-yang* 密陽, (1373-1457), aïeul maternel de *Tjong-tjik*. Pièces annexes. Vie de *Syouk-tjă*.

Cet ouvrage perdu en 1592 a été retrouvé et gravé par les soins de *Ri Man-kyeng* 李曼更 (1709).

4. 佔畢齋先生年譜。戊午史禍事蹟。門人錄

Tchyem hpil tjăi syen săing nyen po – *Mou o să hoa să tjyek* – *Moun in rok.* — Chronologie de la vie de *Tchyem-hpil*. – Histoire de la persécution de

1498. — Liste des élèves de *Tchyem-hpil*.

1 vol. in-folio. (L. O. V.)

Préface pour le *Tchyem hpil tjäi moun tjip* (ci-dessus, 2), par *Ri Hen-kyeng* 李獻慶 (1729). Postface de *Kim Nyou-kam* 金紐敢, petit-fils de *Tchyem-hpil* (1580); inscriptions funéraires; préface d'une ancienne édition par *Nam Kon* 南袞.

Tchyem-hpil naquit en 1431 et, contrairement aux renseignements obtenus précédemment, mourut en 1491.

3303. 土亭先生遺稿

Hto tyeng syen säing you ko (n° 674).

1 vol. in-4°. (L. O. V.)

Préface par *Tjyeng Ho* 鄭澔 de *O-tchyen* 烏川 (1660). Œuvres en vers et en prose, pièces annexes, biographie. L'auteur *Ri Tji-ham* 李之菡, surnom *Hyeng-tjyoung* 馨仲 (1517-1578), était de la famille *Ri* de *Han-san* 韓山. Postfaces de *Song Si-ryel* 宋時烈, de *Kouen Syang-ha* 權尙夏 (1652) de *Ri Tjyeng-ik* 李禎翊, descendant de l'auteur (1660).

3304.

1. 牛溪先生集

Ou kyei syen säing tjip (n° 619).

4 vol. in-folio formant 6 livres. (L. O. V.)

Œuvres poétiques, œuvres en prose, officielles et autres, gravées à *Mil-yang* 密陽 par les soins d'un descendant de l'auteur, *Syeng Keung* 成肯, surnom *Kyei-tjäi* 桂宰.

2. 牛溪先生續集

Ou kyei syen säing syok tjip. — Œuvres de *Ou-kyei*, second recueil.

2 vol in-folio formant 6 livres. (L. O. V.)

Gravés par les soins de *Syeng Keung*.

3305. 三先生遺書

Sam syen säing you sye. — Œuvres des trois lettrés.

3 vol. (Miss. Étr. Séoul.)

Œuvres choisies de *Htoi-kyei* 退溪, *Ou-kyei* 牛溪 et *Ryoul-kok* 栗谷.

3306. 清虛堂集

Tchyeng he tang tjip. — Œuvres de *Tchyeng-he-tang*.

2 vol. in-4° formant 1 livre préliminaire et 4 livres. (L. O. V.)

Titre en grands caractères. Poésie du Roi *Syen-tjo* et inscription du Roi *Tjyeng-tjong* en l'honneur de l'auteur. Portrait de celui-ci; prière. Poésies, lettres, compositions. Pour l'auteur, voir n° 631.

3307.

Ryang tai sä ma sil keui (n° 1943). — Vie et œuvres de *Ryang*, Ministre de l'Armée.

5 vol. in-4° formant 11 livres. (L. O. V.)

Livres 1 et 2 : histoire de *Ryang Tai-pok* 梁大樸, surnom *Sä-tjin* 士眞, nom littéraire *Tchyeng-kyei* 青溪, nom posthume *Tchyoung-tjang* 忠壯, originaire de *Nam-ouen* 南原 (1543-1592); ce personnage se distingua contre les Japonais. Livres 3 à 5 : œuvres. Livre 6 : pièces annexes. Livres 7 à 10 : œuvres de *Ryang Kyeng-ou* 梁慶遇, nom littéraire *Tjyei-ho* 霽湖, fils de *Tai-pok*. Livre 11 : œuvres de *Ryang Hyeng-ou* 梁亨遇, nom littéraire *Tong-ai* 東崖, fils de *Tai-pok*.

Une gravure représentant un combat de *Tai-pok*. Fac-similé d'autographes. Généalogie.

Cet ouvrage a été gravé à la suite de décrets de 1796; prière composée par le Roi (1799); notice de *Sim Hoan-tji* 沈煥之 (1799).

PROSE.

3308.

Ri tchyoung mou kong tjyen sye (n° 634).

8 vol. in-folio formant 1 livre préliminaire et 14 livres. (L. O. V.)

Titre en grands caractères; ouvrage imprimé en caractères mobiles par décret royal (1795). Édit de la même année transcrit par *Ri Pyeng-mo* 李秉謨; inscription funéraire (1794) reproduite en grands caractères. Décrets, prières. Généalogie et biographie de *Ri Syoun-sin* 李舜臣. Figures avec légendes; deux d'entre elles représentent les bateaux-tortues qu'il fit construire. OEuvres de *Ri Syoun-sin* : journal des années 1592 à 1598; biographie détaillée et pièces annexes.

3309. 白雲齋實紀

Păik oun tjăi sil keui. — OEuvres et vie de *Păik-oun-tjăi.*

2 vol. in-4° formant 4 livres. (L. O. V.)

Paik-oun-tjăi, nom *Kouen* 權, postnom *Eung-syou* 應銖, surnom *Tjyoung-hpyeng* 仲平, originaire de *An-tong* 安東, naquit en 1546 à *Sin-nyeng* 新寧; il se distingua contre les Japonais et mourut en 1608, à Seoul; une chapelle lui fut dédiée en 1686 et, en 1691, il reçut le nom posthume de *Tchyoung-eui* 忠毅.
Tableau biographique, œuvres, pièces annexes. Préfaces par *Tchai Tjyei-kong* 蔡濟恭, de *Hpyeng-kang* 平康 (1786) et par *Ri Koang-tjyeng* 李光靖 de *Han-san* 韓山 (1786).

3310. 文選

Moun syen. — Extraits littéraires.

1 vol. in-folio, manuscrit. (L. O. V.)

OEuvres choisies de *Ri Tyeng-koui* 李廷龜 (comparer n° 643).

3311. 槃澗先生文集

Pan kan syen săing moun tjip. — OEuvres de *Pan-kan.*

2 vol. in-folio formant 4 livres. (L. O. V.)

Auteur : *Hoang Nyou* 黃紐, surnom *Hoi-po* 會甫 (1578-1626). Vie et pièces annexes. Préface de *Ri Syang-tjyeng* 李象靖 (année *kap-o*), postface de *Tjyeng Tjong-ro* 鄭宗魯 (année *kyou-you*).

3312. 重刊忠烈錄

Tjyoung kan tchyoung ryel rok. — OEuvres et vie d'un soldat fidèle, nouvelle édition.

1 vol. in-folio formant 4 livres (le 2ᵉ vol. manque). (L. O. V.)

OEuvres et vie de *Kim Eung-ha* 金應河, nom posthume *Tchyoung-mou* 忠武 (1580-1619), en 8 livres. Feuille de titre en noir sur blanc, portrait de *Kim*, gravures représentant des scènes de sa vie. Préface de la première édition par *Ri Tyeng-koui* 李廷龜 (1621); préface de la réédition par *Min Tjyong-hyen* 閔鍾顯 (1797). Gravé en 1798, planches conservées à la chapelle de *Hpo-tchyoung* 褒忠祠.

Comparer n° 1954.

3313.

Rim tchyoung min kong sil keui (n° 1963). — OEuvres et vie de *Rim Tchyoung-min.*

3 vol. in-4° formant 8 livres. (L. O. V.)

Sur ce personnage (1594-1646), cf. n° 1963; sa mémoire a été réhabilitée en 1697. OEuvres, inscriptions et décrets relatifs à l'auteur; biographie; pièces annexes. Réédition avec un titre en grands caractères gravé à l'Imprimerie royale (1890). Préfaces par *Song Pyeng-syen* 宋秉璿 de *Tek-eun*

德殷 (1889), par *Ri Tjäi-ton* 李載敦 (1889), par *Ri Hpil-yong* 李弼鎔 de *Tjyen-tjyou* 全州 (1890); postface de *Ri Tjäi-keuk* 李載克 (1890).

3314. 農巖集

Nong am tjip. — OEuvres de *Nong-am.*

Citées par le *Hăi tong syeng tjyek tji.*

Comparer n° 671.

3315. 二憂堂集

I ou tang tjip. — OEuvres de *I-ou-tang.*

Citées par le *Sin im keui nyen tchoal yo.* Auteur : *Tjyo Htai-tchăi* 趙泰采, surnom *You-ryang* 幼亮, nom posthume *Tchyoung-ik* 忠翼, originaire de *Yang-tjyou* 楊州, né en 1720.

3316. 寒圃齋集

Han hpo tjăi tjip. — OEuvres de *Han-hpo-tjăi.*

Citées par le *Sin im keui nyen tchoal yo.* Auteur : *Ri Ken-myeng* 李健命, surnom *Tjyoung-kang* 仲岡, nom posthume *Tchyoung min* 忠愍, originaire de *Oan-san* 完山, né en 1723.

3317. 丈巖集

Tjyang am tjip. — OEuvres de *Tjyang-am.*

Citées par le *Sin im keui nyen tchoal yo.* Auteur : *Tjyeng Ho* 鄭澔, nom posthume *Moun-tchyeng* 文清.

3318. 屛山集

Pyeng san tjip. — OEuvres de *Pyeng-san.*

Citées par le *Sin im tchoal yo.* Auteur : *Ri Koan-myeng* 李觀命, nom posthume *Moun-tyeng* 文靖.

3319. 陶谷集

To kok tjip. — OEuvres de *To-kok.*

Citées par le *Sin im tchoal yo.* Auteur : *Ri Eui-hyen* 李宜顯, nom posthume *Moun-kan* 文簡.

3320. 悔軒集

Hoi hen tjip. — OEuvres de *Hoi-hen.*

Citées par le *Sin im tchoal yo.* Auteur : *Tjyo Koan-pin* 趙觀彬.

3321. 寒竹堂集

Han tjyouk tang tjip. — OEuvres de *Han-tjyouk-tang.*

Citées par le *Sin im tchoal yo.* Auteur : *Sin Tchyou* 申錐.

3322. 甲峯集

Kap pong tjip. — OEuvres de *Kap-pong.*

Citées par le *Sin im tchoal yo.* Auteur : *Kim Ou-hang* 金宇杭.

3323. 玉吾齋集

Ok o tjăi tjip. — OEuvres de *Ok-o-tjăi.*

Citées par le *Sin im tchoal yo.* Auteur : *Song Syang-keui* 宋相琦.

3324. 允菴集

Youn am tjip. — OEuvres de *Youn-am.*

Citées par le *Sin im tchoal yo*. Auteur : *Youn Pong-kou* 尹鳳九.

3325. 兼山集

Kyem san tjip. — OEuvres de *Kyem-san*.

Citées par le *Sin im tchoal yo*. Auteur : *You Syouk-keui* 俞肅基.

3326. 貞菴集

Tjyeng am tjip. — OEuvres de *Tjyeng-am*.

Citées par le *Sin im tchoal yo*. Auteur : *Min Ik-syou* 閔翼洙.

3327. 黎湖集

Rye ho tjip. — OEuvres de *Rye-ho*.

Citées par le *Sin im tchoal yo*. Auteur : *Pak Hpil-tjyou* 朴弼周, nom posthume *Moun-kyeng* 文敬.

3328. 渼湖集

Mi ho tjip. — OEuvres de *Mi-ho*.

Citées par le *Sin im tchoal yo*. Auteur : *Kim Ouen-hăing* 金元行.

3329. 惕齋集

Htyek tjăi tjip. — OEuvres de *Htyek-tjăi*.

Citées par le *Sin im tchoal yo*. Auteur : *Ri Tjon-tjyoung* 李存中.

3330. 江漢集

Kang han tjip. — OEuvres de *Kang-han*.

Citées par le *Sin im tchoal yo*. Auteur : *Hoang Kyeng-ouen* 黃景源.

3331. 常窩稿

Syang oa ko. — OEuvres de *Syang-oa*.

Citées par le *Sin im tchoal yo*. Auteur : *Ri Min-po* 李敏輔.

3332. 寶稼齋稿

Po ka tjăi ko. — OEuvres de *Po-ka-tjăi*.

Citées par le *Sin im tchoal yo*. Auteur : *Kim Im-sil* 金任實, surnom *Min-tchon* 敏村.

3333. 退軒稿

Htoi hen ko. — OEuvres de *Htoi-hen*.

Citées par le *Sin im tchoal yo*. Auteur : *Tjo Yeng-syoun* 趙棠順.

Comparer n° 695.

3334. 屐園集

Keuk ouen tjip. — OEuvres de *Keuk-ouen*.

3 vol. in-folio, manuscrit. (L. O. V.)

Auteur : *Ri Man-syou* 李晚秀, né en 1752, fonctionnaire sous *Tjyeng-tjong* et *Syoun-tjo*.

3335. 芝湖集

Tji ho tjip. — OEuvres de *Tji-ho*.

Citées par le *Rim tchyoung min kong tjip tjyen* (XVIIe ou XVIIIe siècle).

3336. 浣花集

Oan hoa tjip. — OEuvres de *Oan-hoa*.

Citées par le *Mou yei to po htong tji*. Auteur : *Oui Tjang* 韋莊.

3337.

E tyeng să pou syou kouen (n° 1065).

12 vol. in-4° formant 25 livres. (L. O. V.)

Livres 1 à 3, les KING; livres 4 à 6, les historiens; livres 7 à 16, les sages et savants; livres 17 à 25, les collections. Bien que cet ouvrage débute par de copieux extraits des Trois Rituels, il est plus juste de le ranger parmi les collections littéraires.

3338. 儉巖集

Kem am tjip. — Œuvres de *Kem-am*.

Citées par le *Hăi tong syeng tjyek tji*.

3339. 艮翁集

Kăn ong tjip. — Œuvres de *Kăn-ong*.

Citées par le *Hăi tong syeng tjyek tji*.

3340. 槎川集

Sa tchyen tjip. — Œuvres de *Sa-tchyen*.

Citées par le *Hăi tong syeng tjyek tji*.

3341. 肯堂集

Keung tang tjip. — Œuvres de *Keung-tang*.

Citées par le *Hăi tong syeng tjyek tji*.

3342. 三淵集

Sam yen tjip. — Œuvres de *Sam-yen*.

Citées par le *Hăi tong syeng tjyek tji*.

3343. 東岳集

Tong ak tjip. — Œuvres de *Tong-ak*.

Citées par le *Hăi tong syeng tjyek tji*.

3344. 芸窩集

Oun oa tjip. — Œuvres de *Oun-oa*.

Citées par le *Hăi tong syeng tjyek tji*.

3345. 看竹齋集

Kan tjyouk tjăi tjip. — Œuvres de *Kan-tjyouk-tjăi*.

Citées par le *Hăi tong syeng tjyek tji*.

3346. 枕雨堂集

Tchim ou tang tjip. — Œuvres de *Tchim-ou-tang*.

3 vol. in-4° formant 6 livres. (L. O. V.)

Auteur : *Tjyang Tji-ouen* 張之琬 (xixᵉ s.)

CHAPITRE III. — ROMANS.

3347.

Oul tji kyeng tek tjyen (n° 758).

1 vol. in-4°, 26 feuillets. (L. O. V.)

Voir aussi la note à la fin du chapitre III, tome I, p. 475.

3348.

Sya si nam tjyeng keui (n° 773).

3 vol. in-folio formant 3 livres. (L. O. V.)

Gravé à *You-tong* 由洞 (1851), édition différente.

3349.

Syo tai syeng tjyen. — Histoire de *Syo Tai-syeng.*

1 vol. in-4°, 24 feuillets.

Comparer n° 778.

3350.

Ouel oang tjyen (n° 780).

3 vol. in-4° formant 3 livres. (L. O. V.)

Gravé à *You-tong* 由洞. L'intrigue se passe à l'époque des *Song.*

3351.

Koak poun yang tjyen (n° 788).

3 vol. in-folio formant 3 livres. (L. O. V.)

Édition différente.

3352.

Keum hyang tyeng keui (n° 791).

3 vol. in-folio formant 3 livres. (L. O. V.)

Gravé à *You-tong* 由洞; édition différente.

3353. 淑香傳

Syouk hyang tjyen (n° 793).

3 vol. in-folio formant 3 livres. (L. O. V.)

Gravé à *Ya-tong* 冶洞 (1858); édition différente.

3354.

Tjang (tjyang) hpoung oun tyen (tjyen) (n° 794).

1 vol. petit in-8°. (L. O. V.)

Autre édition du n° 794, gravé au même lieu, à la même date.

3355. 玄壽文傳

Hyen syou moun tjyen (n° 798).

3 vol. in-folio formant 3 livres. (L. O. V.)

Gravé à *You-tong* 由洞; édition différente.

3356.

Hoang oun tjyen (n° 800).

3 vol. in-folio formant 3 livres. (L. O. V.)

Édition différente.

3357.

Tjyang păik tjyen (n° 802).

1 vol. in-4°, 28 feuillets. (L. O. V.)

3358.

Ouel pong keui (n° 805).

3 vol. in-folio formant 3 livres. (L. O. V.)

Gravé à *Tchyen* 泉 (*You tchyen* 由泉?); édition différente.

3359. 梁山伯傳

Ryang san păik tjyen. — Histoire de *Ryang San-păik.*

1 vol. in-folio, 24 feuillets. (L. O. V.)

Comparer n° 806.

3360.

Sim tchyeng tjyen (n° 809).

D'après plusieurs versions, la scène de ce roman est en Corée et non pas en Chine. — Imité plus que traduit par *Hong Tjyong-ou* 洪鐘宇: Le Bois sec refleuri, roman coréen traduit par.... (1 vol. in-18, Paris, 1895; Annales du Musée Guimet, bibliothèque de vulgarisation). Cette imitation est précédée d'une introduction historique pleine de fantaisies et où les noms coréens mêmes sont transcrits tantôt à la coréenne, tantôt à la chinoise, tantôt à la japonaise. Présenté à l'Académie des Inscriptions et Belles-lettres, séance du 30 octobre 1895. Critique de l'ouvrage par W. G. Aston (T'oung pao, t. VI, p. 526).

3361.

Tchyoun hyang tjyen (n° 816).

Cf. Revue des Revues, n°ˢ des 1ᵉʳ, 15 juillet, 1ᵉʳ, 15 août 1895 : L'Amour de I-Toreng et de la jolie Tchun-Hyang, roman traduit du coréen.

3362.

Ryong moun tjyen (n° 826).

1 vol. in-folio, 24 feuillets. (L. O. V.)

3363. 雙珠奇緣

Ssang tjyou keui yen. — Destinée merveilleuse des deux perles.

1 vol. in-4°, 32 feuillets. (L. O. V.)

Comparer n° 828.

3364. 雙珠記演

Ssang tjyou keui yen. — Histoire des deux perles.

1 vol. in-folio, 32 feuillets. (L. O. V.)

3365. 田雲致傳

Tyen oun tchi tjyen. — Histoire de *Tyen Oun-tchi.*

1 vol. in-folio, 22 feuillets. (L. O. V.)

Comparer n° 924.

3366.

Syoung yeng nang tjă tjyen. — Histoire de *Syoung-yeng* et de *Nang-tjă* (?).

1 vol. in-4°, 28 feuillets.

Gravé à *Hong-syou-tong* 紅樹洞.

CHAPITRE IV. — OEUVRES DIVERSES.

3367.

Mi sou keui en (n° 998).

22 vol. in-4° formant 67 + 26 livres.

3368. 醒睡諺錄

Syeng syou man rok. — Recueil de dictons, d'expressions composées, d'allusions.

10 vol. in-4°, manuscrit.

3369. 昭代粹言

Syo tăi syou en. — Récits divers.

1 vol. grand in-8°, manuscrit. (L. O. V.)

Recueils de récits historiques et autres, postérieur à 1630.

3370. 夙惠記略

Syouk hyei keui ryak. — Anecdotes sur les hommes célèbres.

1 vol. grand in-8°. (L. O. V.)

Texte en caractères chinois et *en-moun*, avec préface et postface non signées; publié par le Ministère de l'Instruction (1895).

3371. 續事始

Syok să si. — Suite à l'encyclopédie des objets usuels.

2.

Ouvrage de *Hpoung Kam* 馮鑑 cité par le *Mou yei to po htong tji;* à rapprocher du *CHI OOU KI YUEN* 事物紀原 d'un auteur inconnu, gravé au XVᵉ siècle (10 livres; Cat. imp., liv. 135, f. 23); voir aussi *KOU KIN CHI OOU YUEN CHI* 古今事物原始 par *SIU KIU* 徐炬, des *MING* (30 livres; Cat. imp., liv. 138, f. 33).

3372. 天工開物

Htyen kong kǎi moul. — Séparation des êtres par la force céleste.

Ouvrage de *Song Eung-syeng* 宋應星, cité par le *Mou yei to po htong tji.*

3373. 二儀實錄

I eui sil rok. — Sur les deux principes.

Ouvrage de *Ryou Hyo-son* 劉孝孫, cité par le *Mou yei to po htong tji.*

3374. 炙轂子錄

Tjya kok tjă rok. — Mémoires.

Ouvrage de *Oang Yei* 王叡, cité par le *Mou yei to po htong tji.*

3375. 老學菴筆記

Ro hak am hpil keui. — Notes de Ro-hak-am.

Ouvrage de *Ryouk You* 陸游, cité par le *Mou yei to po htong tji.*

3376. 緗素襍記

Syang so tjap keui. — Mémoires divers.

Ouvrage de *Hoang Tjyo-kyeng* 黃朝英, cité par le *Mou yei to po htong tji.*

3377. 因樹屋書影

In syou ok sye yeng. — Notes littéraires (?).

Par *Tjyou Ryang-kong* 周亮工; citées par le *Mou yei to po htong tji.*

LIVRE V. — MOEURS ET COUTUMES.

CHAPITRE PREMIER. — RITES.

3378. 古今詳定禮

Ko keum syang tyeng ryei. — Rites anciens et modernes.

50 livres.

Ouvrage composé à la suite d'un décret royal par *Tchoi Youn-eui* 崔允儀, grand fonctionnaire, mort en 1162.

3379.

Sam pan ryei sik (n° 1053).

1 vol. in-4°, 23 feuillets, formant 2 livres. (L. O. V.)

Édition de 1866.

3380. 鄉禮三選

Hyang ryei sam syen. — Extraits relatifs aux trois rites de district.

1 vol. in-4°, belle impression. (L. O. V.)

Ouvrage traitant des banquets, du tir à l'arc, des associations de district; avec une planche de figures au début. Gravé à *Hpyeng-yang* 平 壤 (1888). Préface de *Min Yeng-tjyoun* 閔 泳 駿, nom littéraire *Ha-tyeng* 荷 汀.

3381.

Să ryei tchan syel (n° 1070).

4 vol. in-4° formant 8 livres. (L. O. V.)

3382.

Sang ryei pi yo (n° 1073).

(C. P.)

Exemplaire semblable portant à la fin l'indication : Gravé à *Tai-kou* 大 丘 en 1812.

3383.

Sang ryei tchyo en kăi (n° 1075).

1 vol. in-folio. (L. O. V.)

Texte avec divers tableaux.

3384. 百歲榮壽帖

Păik syei yeng syou htyep. —- Poésies de félicitation présentées à un centenaire.

1 vol. in-4°. (L. O. V.)

Avec décrets royaux (1865) relatifs au centième anniversaire de *Ri Yong-hoa* 李 容 華, membre de la famille royale. Préface de *Kim Pyeng-hak* 金 炳 學 (1865).

3385. 清權輯遺

Tchyeng kouen tjeup you. — Pièces relatives à la chapelle de *Tchyeng-kouen.*

1 vol. in-folio. (L. O. V.)

Titre en grands caractères, gravé à *Syo-kong-tong* 少 崆 峒 (1844). La chapelle de *Tchyeng-kouen* a été élevée à la mémoire de *Ri Po* 李 補, premier postnom *Ho* 祜 (1396-1486), Grand-prince de *Hyo-nyeng* 孝 寧 大 君, fils de *Htai-tjong* et frère aîné de *Syei-tjong*.

3386. 冊寶

Tchăik po. — Sceaux et livres d'investiture.

1 vol. in-4° en paravent, fac-similé d'estampage en blanc sur noir. (L. O. V.)

Compositions pour la présentation de noms honorifiques aux Rois *Ik-tjong*, *Hen-tjong*, à la Reine veuve de *Hen-tjong* et au Roi *Tchyel-tjong* (1866). Sceaux royaux en rouge.

3387. 上尊號文

Syang tjon ho moun. — Composition pour la présentation de noms honorifiques.

1 vol. in-4° en paravent, estampage. (M. C.)

Noms honorifiques du Roi *Ik-tjong* et de sa veuve (1869). Sceau officiel à la fin.

3388.

(*Sans titre.*)

1 vol. in-4° en paravent, manuscrit. (M. C.)

Livre d'investiture du titre de Prince héritier (1875); copie officielle avec sceau.

3389.

Hoa syeng syeng yek eui kouei (n° 1299).

9 vol. in-folio, formant 1 + 6 + 3 livres. (L. O. V.)

Avertissement, table générale, nombreuses gravures avec légendes; pièces officielles (décrets, comptes, etc.). — Cf. M. Henri Chevalier, traduction et résumé avec 13 planches (extrait du vol. IX du T'oung pao, n° 5; Leide, 1898).

3390. 整理儀軌

Tjyeng ri eui kouei. — Rites du tombeau du Prince *Să-to*.

I. 13 vol. in-folio, manuscrit très soigné, portant les n°ˢ : 1ʳᵉ série, 29 à 33; 2ᵉ série, 34 à 36; 3ᵉ série, 39 et 40; 4ᵉ série, 46 à 48; l'ouvrage complet aurait 48 volumes. — (L. O. V., vol. 29 à 33, 34 à 36, 40, 46 à 48.) (C. P., vol. 39.)

Texte en *en-moun* relatif aux cérémonies de 1796 (1ʳᵉ série), 1797 (2ᵉ série) et aux constructions de *Syou-ouen* 水原 (3ᵉ et 4ᵉ séries). Le volume 39 contient en outre des peintures très soignées représentant la ville de *Syou-ouen*, comme au n° 1299.

Comparer n°ˢ 1398 et 1398 *bis*.

II. 2 vol.

Ouvrage de 1827.

3391.

Tjin tchan eui kouei (n°ˢ 1305, 1306, 1307).

1 vol. in-folio. (C. P.)

Fêtes de 1889; 62 feuillets de gravures.

3392. 憲宗大王胎室石物加封圖

Hen tjong tai oang htăi sil syek moul ka pong to. — Dessins des statues du monument élevé, etc.

1 rouleau. (B. R.)

Comparer n° 1315.

3393.

Sang ryei po hpyen (n° 1316).

6 vol. in-folio formant 6 livres. (L. O. V.)

3394. 端懿嬪沈氏誌

Tan eui pin sim si tji. — Vie de la Princesse *Tan-eui*, née *Sim*.

1 rouleau. (B. R.)

Première femme du Roi *Kyeng-tjong*, morte en 1718 avant l'avènement de son mari.

3395.

Kyeng reung tji tjang (n° 1420). — Vies du Roi *Hen-tjong* et de la Reine *Hyo-hyen*.

1 vol. in-folio. (L. O. V.)

La Reine *Hyo-hyen* 孝顯王后, de la famille *Kim* 金, première femme de *Hen-tjong*, mourut en 1843. — Cf., au sujet du tombeau de ces souverains, Congrès des sociétés savantes de Paris et des départements, section de géographie historique et descriptive, séance du 16 avril 1895; communication de M. Henri Chevalier (Journal officiel du 18 avril 1895, p. 2196; T'oung pao, vol. vi, 1895, p. 225).

CHAPITRE II. — ADMINISTRATION.

3396. 政誡

Tjyeng kyei. — Préceptes de gouvernement.

1 livre.

Composés par le roi *Htai-tjo* (936).
Comparer nos 248 et 1781.

3397.

Kyeng kouk tai tyen (n° 1455).

4 vol. in-4° formant 6 livres. (C. P.)

Édition imprimée de 1481.

3398.

Tai tyen syok rok (n° 1456).

1 vol. in-4° formant 6 livres. (C. P.)

Contenant les lois nouvelles jusqu'à 1492.
Préface de *Kouen Ken* 權健 (1492).

3399.

Tai tyen hou syok rok (n° 1457).

1 vol. in-4° formant 6 livres. (C. P.)

Contenant les lois nouvelles jusqu'à 1543.
Préface de *Syeng Syei-tchyang* 成世昌 (1543).

3400.

Syok tai tyen (n° 1459).

4 vol. in-4° formant 6 livres. (C. P.)

Contenant l'ensemble de la législation de 1392 à 1744. Préface et notice composées par le Roi, transcrites l'une par *Sye Tjong-ok* 徐宗玉, l'autre par *Tjyeng Ha-en* 鄭夏彥; préface de *Ouen Kyeng-ha* 元景夏.

Avertissement, dédicace de présentation, liste de la commission de rédaction.

3401.

Tai tyen htong hpyen (n° 1460).

5 vol. in-folio formant 6 livres. (L. O. V.)

Édition analogue à celle du n° 1461, Impression royale de 1785. Titre en grands caractères bleus; préface royale et préface par *Kim Tchi-in* 金致仁 (1785); préface et dédicace du *Kyeng kouk tai tyen* (n° 3397); édit, préface et dédicace pour le *Syok tai tyen* (n° 3400). Avertissement; liste de la commission de rédaction. Table en tête de chaque livre.

3402.

Tai tyen hoi htong (n° 1461).

Cf. The Corean Government : Constitutional changes, July 1894 to October 1895. With an Appendix on subsequent enactments to 30th June 1896. By W. H. Wilkinson (1 vol. in-4°, Shanghai, 1897).

3403.

Moun ouen po poul (n° 1470).

22 vol. in-4°. (L. O. V.)

3404.

Moun ouen po poul syok hpyen (n° 1471).

6 vol. in-4° formant 10 livres. (L. O. V.)

Suite de l'ouvrage précédent jusqu'à 1852. Liste de la commission d'impression; avertissement. Postface de *Tjyeng Ouen-yong* 鄭元容.

3405. 孝廟御札

Hyo myo e tchal. — Décret du Roi *Hyo-tjong*.

1 rouleau. (B. R.)

3406.

Tchyek sya ryoun eum (n° 1481). — Édit contre les chrétiens.

1 vol. in-folio, belle impression. (L. O. V.)

Texte chinois et traduction en *en-moun* (1839).

3407.

Tchyek sya ryoun eum (n° 1481). — Édit contre les chrétiens.

1 vol. in-folio, belle impression. (L. O. V.)

Texte chinois et traduction en *en-moun* (1881).

3408. 揭付各廳

Kei pou kak htyeng. — Ordonnance à tous les bureaux.

1 vol. en paravent, in-8° allongé. (Coll. Varat. — M. C., copie.)

Reproduction en blanc sur noir du texte semi-cursif d'une ordonnance du *Tai-ouen-koun* (1865), augmentant le nombre des places mises au concours à l'examen *seung po* 陞補.

3409. 御定陸奏約選

E tyeng ryouk tjou yak syen (n° 1497, I).

1 vol. in-folio formant 2 livres. (L. O. V.)

Titre en grands caractères, gravé à *Tjyen-tjyou* 全州 (1797) pour la présente édition préparée par le Roi *Tjyeng-tjong* et imprimée en caractères mobiles; le recueil primitif, légèrement différent, est dû au Roi *Syei-tjong*

(1434). Historique des caractères mobiles (voir n° 1673).

3410. 朱子封事

Tjyou tjă pong să. — Placets secrets de *Tchou Hi* (depuis 1163).

2 vol. in-folio formant 4 livres.

3411.

Tong hyen tjou eui (n° 1490).

21 vol. in-folio formant 24 livres.

Rapports de 1480 à 1625; en outre, un rapport de 1375.

3412. 御定洪翼靖公奏藁

E tyeng hong ik tjyeng kong tjou ko (n° 1495).

28 vol. in-4°, belle impression.

Sur les institutions et l'administration. Édition postérieure à *Yeng-tjo*.

3413.

Tai tong hpai rim (n° 1511).

Suppliques relatives aux luttes entre les nobles, de 1752 (9ᵉ lune, 2ᵉ jour) à 1778 (3ᵉ lune, 15ᵉ jour).

3414. 丹巖奏議

Tan am tjou eui. — Rapports de *Tan-am*.

Par *Min Tjin-ouen* 閔鎮遠; cités par le *Sin im tchoal yo*.

3415. 公車

Kong tchya. — Rapports au Roi.

23 vol. in-folio, manuscrit.

Depuis 1834.

3416.

Eun tăi tyo ryei (n° 1516).

1 vol. in-4°. (L. O. V.)

Historique. Règlements classés en 6 sections. Appendice. Impression semblable à celle du n° 1462; préface de 1870.

3417.

Han kyeng po (n° 1521).

Extraits dans le Korean Repository, vol. I, 1892, p. 64, 129, 156, 194, 228, 262, 289, 315, 348, 374. Ce périodique mensuel, in-8°, a paru à Séoul en 1892, 1895, 1896, 1897, 1898; publié par la Trilingual Press.

3418. 官報

Koan po. — Moniteur officiel.

Nom donné à la Gazette de Séoul à partir du jour où elle a été imprimée (22 juillet 1894). D'abord rédigé, comme par le passé, en chinois, le nouveau journal est, depuis le 6 janvier 1895, écrit en un mélange de chinois et d'*en-moun*, ces derniers caractères étant employés pour les particules et terminaisons; depuis le 25 avril de la même année, le Moniteur officiel est publié par un bureau spécial dépendant du Secrétariat du Cabinet, 內閣記錄局, *năi kak keui rok kouk*, et depuis le 22 juillet il est imprimé en caractères mobiles sur papier de genre européen (in-4°). Les matières sont plus nombreuses et variées, comprenant mesures législatives, circulaires officielles, arrêtés, nominations, rapports sur l'instruction, le commerce, les affaires étrangères, etc.

Cf. The Corean Government, by W. H. Wilkinson, 1 vol. in-4°, Shanghai, 1897 (introduction et appendice III). — Korean Repository, 1895, 1896, 1897, 1898.

3419. 法規類編。續

Pep kyou ryou hpyen. — *Syok.* — Collection méthodique des lois et ordonnances, premier recueil et suite.

2 vol. grand in-8°, imprimés en caractères mobiles sur papier genre européen. (M. C.)

Titres en grands caractères sur papier rose. Le premier volume publié par le Bureau du Moniteur officiel (1896) contient en tête le serment royal d'indépendance du 7 janvier 1895 avec édits annexes, en chinois, et chinois avec *en-moun*; ensuite avertissement, table, texte des actes législatifs (chinois et *en-moun*) depuis juillet 1894 jusqu'à la fin de 1895. Le second volume, publié par le Grand Conseil 議政府, *Eui tjyeng pou* (1898), renferme la législation du début de 1896 à la fin de 1897.

3420. 公行盤纏定例

Kong hăing pan tjyen tyeng ryei. — Règlement relatif aux voyages officiels des fonctionnaires.

1 vol. grand in-8°. (L. O. V.)

Imprimé par ordre royal (1882).

3421.

Htak tji tyeng ryei (n° 1541).

Comprenant les quatre ouvrages suivants publiés en 1749, cités par le *Moun hen pi ko*, liv. 67, f. 23.

1. 各殿各宮供上定例

Kak tyen kak koung kong syang tyeng ryei. — Règlement des fournitures dues aux différents temples.

6 livres.

2. *Kouk hon tyeng ryei* (n° 1229).

2 livres.

3. 各司定例

Kak să tyeng ryei. — Règlement des différents bureaux.

12 livres.

4. *Syang pang tyeng ryei* (n° 1500).

3 livres.

3422. 度支志

Htak tji tji. — Historique du Ministère du Cens.

6 vol. in-folio, manuscrit. (L. O. V.)

Documents historiques et administratifs, sans table ni noms d'auteurs; la rédaction paraît postérieure à 1786 et antérieure à 1800.

3423. 籌撮

Tjyou tchoal. — Tribut en grain des districts.

34 vol., manuscrit.

3424. 常平倉實記

Syang hpyeng tchang po keui. — Mémorial des magasins de l'Intendance.

Cité par le *Tai tong oun ok.*

3425. 春官通考

Tchyoun koan htong ko. — Notice du Ministère des Rites.

Citée par le *Hai tong syeng tjyek tji.*

3426.

Kouk tjyo pang mok (n°ˢ 1586, 1587).

9 vol. in-4°, manuscrit.

De 1392 à 1848.

3427.

Pin heung rok (n° 1622). — Archives des séances solennelles d'examen.

3 vol. in-4°. (L. O. V.)

Ces trois volumes comprennent :

1. 瓊林聞喜錄

Kyeng rim moun heui rok. — Archives d'une réunion au temple de Confucius.

3 livres.

Décrets de 1790; vers composés à cette occasion par différents fonctionnaires. Impression semblable à celle du n° 1470.

2. *Kyo nam pin heung rok* (n° 1632). — Archives pour le *Kyeng-syang* 慶尚.

2 livres.

Décrets de 1792, pièces en prose et en vers dues à différents fonctionnaires. Impression différente.

3. *Koan tong pin heung rok* (n° 1626). — Archives pour le *Kang-ouen* 江原.

5 livres.

Ouvrage analogue, impression différente. Décrets de 1792.

4. *Htam ra pin heung rok* (n° 1627).
— Archives pour Quelpaërt.

1 livre.

Ouvrage analogue, manuscrit. Décrets de 1793.

5. 正始文程

Tjyeng si moun tjyeng. — Archives d'examen.

3 livres.

Ouvrage analogue; décret de 1795. Impression semblable à celle du n° 1470.

6. 豐沛賓輿錄

Hpoung hpai pin heung rok. — Archives pour le 480° anniversaire de la naissance du Roi *Hoan-tjo.*

3 livres.

Ouvrage analogue; décrets de 1795. Impression semblable à celle du n° 1470.

3428. 崇禎紀元後五甲戌慶科增廣文武科殿試榜目

Syoung tjyeng keui ouen hou o kap syoul kyeng koa tjeung koang moun mou koa tyen si pang mok. — Liste des candidats civils et militaires reçus à l'examen palatin extraordinaire de 1874.

1 vol. in-folio, belle impression. (L. O. V.)

Décrets royaux; noms des examinateurs; noms, origines des candidats reçus; sujets des compositions.

3429.

Săing săing tjă po (n° 1674).

1 vol. in-4°. (C. P. — M. C.)

Répertoire rangé par ordre de clefs et par nombre de traits.

3430.

Hong moun koan tji (n° 1676).

1 vol. in-folio, belle impression en caractères mobiles. (L. O. V.)

Titre en grands caractères bleus. Préface composée par le Roi (1784). Table des six sections : historique, liste des fonctionnaires, attributions, etc. Postface de *Kim Tjyong-syou* 金鍾秀.

3431.

Tjyo syen să tai eui tjyei tjyek yo (n° 1727).

Voir aussi les Ambassades de la Chine en Corée (La Politique coloniale, n° du 19 février 1895).

3432. 北漢管城所事例

Peuk han koan syeng so să ryei. — Règlement de la citadelle du *Peuk-han.*

1 vol. in-folio, manuscrit. (L. O. V.)

Exemplaire provenant du camp de *Tchong-young* 摠戎, revêtu de sceaux officiels. Au début, quelques indications historiques.

3433. 新定律

Sin tyeng ryoul (n° 1780).

Le code de *Tjyeng Mong-tjyou* 鄭夢周 aurait été gravé par ordre du Roi *Kong-yang* (1392).

3434. 新註無寃錄

Sin tjou mou ouen rok. — Guide des

expertises médico-légales avec de nouvelles notes.

1 vol. in-folio, manuscrit, formant 2 livres. (L. O. V.)

Préface de *Oxxc Yu* 王與 pour l'ouvrage original (1308); préface de 1384. Préface de *Ryou Eui-son* 柳義孫 (1438) pour l'édition coréenne. Postface de *Son Tjyo-syou* 孫肇瑞 (1447).

Comparer n°ˢ 1787 et 1789.

3435.

E tyeng keum syoul tyen tjeuk (n° 1790).

1 vol. in-folio, superbe impression. (L. O. V.)

L'ouvrage est semblable à la copie décrite. Après le titre, édits transcrits par *Tchai Tjyei-kong* 蔡濟恭 et *Hong Kouk-yeng* 洪國營. A la fin, liste des fonctionnaires qui ont surveillé l'impression.

3436. 加髢申禁事目.

Ka htyei sin keum să mok. — Dé-cret et règlement contre l'usage des faux cheveux dans la coiffure des femmes.

1 vol. in-folio, 18 feuillets. (L. O. V.)

Texte chinois et traduction en *en-moun* (1788).

3437. 吏曹八道堂叅到任禮木釐正節目

Ri tjo hpal to tang tcham to im ryei mok ri ťyeng ťyel mok. — Règlement relatif aux présents de toile de coton (?) faits aux fonctionnaires provinciaux qui prennent séance ou qui arrivent à leur poste.

1 vol. in-folio. (L. O. V.)

Trois règlements imprimés en caractères mobiles par ordre du Grand Conseil (après 1866).

LIVRE VI. — HISTOIRE ET GÉOGRAPHIE.

CHAPITRE PREMIER. — HISTOIRE DE LA CORÉE.

3438. 三國史

Sam kouk să. — Histoire des Trois Royaumes.

2 vol. in-4° formant 2 livres, manuscrit. (L. O. V.)

D'après le *Sam kouk să keui* (n° 1835), avec la postface de *Kim Ke-tou* 金居斗.

3439. 本朝編年綱目

Pon ťyo hpyen nyen kang mok (n° 1840).

92 livres.

Présenté au Roi par l'auteur (1317).

3440.

Ko rye pon să (n° 1850).

6 vol. grand in-8°. (L. O. V.)

Livres 1, 2 et 5 à 14 de l'ouvrage.

3441.

Syo hoa oi să (n° 1873).

6 vol. in-4° comprenant 8 livres pour l'ou-

vrage principal, 2 livres pour la suite, *syok hpyen* 續編, 2 livres pour l'appendice spécial, *pyel hpyen* 別編. (C. P.)

Annales de 1392 à 1824 par *O Kyeng-ouen* 吳慶元 de *Syou-yang* 首陽; suite par le même comprenant des biographies de Chinois de l'époque des *Ming*; appendice du même traitant du *Tai po tan* 大報壇 et des rites qui y sont célébrés. Dissertation initiale de l'auteur; postface du même (1833); postfaces et notices de son fils *Hyen-syang* 顯相. Préfaces par *O Heui-syang* 吳熙常, surnom *Ton-kăn-tjăi* 敦艮齋 (1830), par *Kim Pyeng-hak* 金炳? de *An-tong* 安東 (1868), etc.

3442. 辛壬紀年撮要

Sin im keui nyen tchoal yo (n° 2011). — Annales de 1720 à 1803.

7 vol. grand in-8°, manuscrit. (L. O. V.)

L'ouvrage comprend : première partie, *ouen hpyen* 原編 de 1720 à 1724 (9 livres) suite, *syok hpyen* 續編 de 1725 à 1803; supplément *po hpyen* 補編 (2 livres) contenant des documents annexes. — Listes des ouvrages consultés. Liste des principaux personnages de l'époque.

3443. 爛餘

Ran ye. — Autres mélanges.

Cité par le *Sin im keui nyen tchoal yo.* Auteur : *Kim Tjăi-ro* 金在魯.

Comparer n° 3446.

3444. 斷爛

Tan ran. — Mélanges.

Cité par le *Sin im keui nyen tchoal yo.* Auteur : *Tjyo Yeng-ou* 趙榮祐.

Comparer n° 3446.

3445. 國朝編年

Kouk tjyo hpyen nyen. — Annales de la dynastie.

Cité par le *Sin im keui nyen tchoal yo.*

3446.

Ran tchyo (n° 1886).

12 vol. grand in-8° formant 23 livres, manuscrit. (L. O. V. — Miss. Étr. Seoul.)

Annales du mois d'août 1800 au 16 mai 1835.

3447. 朝鮮歷代史略

Tjyo syen ryek tăi să ryak. — Abrégé de l'histoire de la Corée.

3 vol. grand in-8° formant 3 livres. (L. O. V.)

Histoire depuis les origines jusqu'à 1893; composée et gravée pour le Ministère de l'Instruction (1895); avec titre en grands caractères.

3448. 朝鮮歷史

Tjyo syen ryek să. — Histoire de Corée.

3 vol. grand in-8° formant 3 livres. (L. O. V.)

Histoire jusqu'en 1893, composée et gravée pour le Ministère de l'Instruction (1895); rédigée en coréen (caractères chinois et *en-moun*). Titre en grands caractères.

3449. 朝鮮略史

Tjyo syen ryak să. — Histoire abrégée de la Corée.

1 vol. in-4°. (L. O. V.)

Histoire des origines jusqu'au Roi régnant rédigée en coréen (caractères chinois et *en-*

moun), composée et gravée pour le Ministère de l'Instruction (1895).

3450. 歷代大事年表

Ryek tăi tai să nyen hpyo. — Tables chronologiques de l'histoire de Corée.

1 vol. in-folio; titre courant imprimé: cadres imprimés correspondant aux années désignées par les caractères cycliques; le reste du texte est manuscrit. (C. P.)

De l'avènement de *Tan-koun* (2333 a. C.) à 1882.

3451.

Kouk tjyo po kam (n° 1897).

26 vol. in-folio formant 82 livres. (L. O. V.)

Dédicace de 1782 par *Kim Syang-tchyel* 金尙喆 et autres; dédicace de 1848 par *Tjyo In-yeng* 趙寅永 et autres. Postfaces de *Kim Tjyong-syou* 金鍾秀 (1782) et de *Kouen Ton-in* 權敦仁 (1848). Listes des deux commissions de rédaction. Les matières traitées sont rangées par règnes (de 1392 à 1830).

3452. 簪纓譜

Tjăm yeng po. — Généalogie des principales familles de Corée.

17 vol. in-folio, manuscrit.

3453.

Tong kouk moun hen rok (n° 1921, II).

3 vol. in-folio. (L. O. V.)

3454. 號譜

Ho po. — Répertoire des noms littéraires.

4 vol. in-4° formant 8 livres, manuscrit. (L. O. V.)

Les noms sont rangés d'après le caractère final; pour chaque personnage, l'auteur donne une courte biographie. Sans nom d'auteur ni date.

3455.

Ko rye myeng sin tjyen (n° 1931).

6 vol. in-4°.

Préface de 1822.

3456. 儒林錄

You rim rok. — Liste des sages et des lettrés coréens.

1 vol. in-folio, manuscrit. (L. O. V.)

Sages et lettrés depuis l'époque du *Sin-ra* jusqu'au règne de *Syoun-tjo*, Rois et Reines de la dynastie régnante. Indications biographiques.

3457. 景賢續錄

Kyeng hyen syok rok. — Pièces relatives à *Kim Hong-hpil.*

1 vol. in-4° formant 2 livres. (L. O. V.)

Vie de *Kim Hong-hpil* 金宏弼 (voir n° 588, note); liste et biographie de ses amis et élèves; pièces annexes. Quelques compositions de *Hong-hpil*. L'auteur de ce recueil est *Tjyeng Syoul* 鄭逑, nom littéraire *Han-kang* 寒江. Notice de *Kim Ha-syek* 金夏錫.

3458. 林忠愍公集傳

Rim tchyoung min kong tjip tjyen. — Biographies de *Rim Tchyoung-min.*

1 vol. grand in-8°. (L. O. V.)

Inscription funéraire et prières composées par le Roi; biographies par *Song Si-ryel* 宋時烈, *Min Tjin-hou* 閔鎭厚 (nom littéraire *Tan-am* 丹岩, nom posthume *Tchyoung-moun* 忠文). Pièces annexes.

3459. 光國志慶錄

Koang kouk tji kyeng rok (n° 1955).

1 vol. in-4°. (L. O. V.)

Poésies et compositions relatives à la mission de *You Hoing* 兪泓 en Chine (1588). Préface non datée du Roi *Syen-tjo*, préfaces de *Syouk-tjong* (1701), *Yeng-tjong* (1744); postface de *Ri Sya* 李畬 (XVIII° s.).

3460.

Tjing pi rok (n° 2013).

Cf. Catalogue of prints and books illustrating the history of engraving in Japan. Exhibited in 1888; printed for the Burlington fine arts club (Londres, in-4°, 1888). Sous le n° 428, History of the invasion of Taiko with rough woodcut illustrations. Double text printed in Chinese characters and Korean alphabet. Korea about 1650. Lent by Mr W. Anderson.

Comparer aussi Griffis, Corea, the Hermit Nation, Bibliography, p. XIII : Chosen monogatari, diary of the Japanese operations in Chosen during the campaign of 1594–1597, by Okoji Hidemoto. Copied out and published in 1672 and again in 1849... Translated into german by Dr. A. Pfizmaier under the title, Der Feldzug der Japaner gegen Corea im Jahre 1597, 2 vol., Vienna, 1875.

3461.

Syong oun tai să poun tchyoung sye nan rok (n° 2018).

1 vol. in-4°. (L. O. V.)

Texte comme au n° 631. Préface de *E You-koui* 魚有龜 (1739); préface de *Kim Tjyoung-ryei* 金仲禮 (1738). Inscription en l'honneur du bonze *Syong-oun* 松雲 par *Ri Eui-hyen* 李宜顯. Pièce officielle de 1754 relative à l'impression de l'ouvrage.

3462. 丹巖錄

Tan am rok. — Notes de *Tan-am.*

Auteur : *Min Tjin-ouen* 閔鎮遠, nom posthume *Moun-tchyoung* 文忠. Cité par le *Sin im keui nyen tchoal yo. Tan-am* autre nom de *Tan-yang* 丹陽.

3463. 滄桑錄

Tchang sang rok. — Notes de *Tchang-sang.*

Citées par le *Sin im keui nyen tchoal yo.* Auteur : *Hong Kyei-heui* 洪啓禧.

3464. 楓溪錄

Hpoung kyei rok. — Notes de *Hpoung-kyei.*

Citées par le *Sin im keui nyen tchoal yo.* Auteur : *Kim Eung-syoun* 金應淳.

3465. 草竹錄

Tcho tjyouk rok. — Notes de *Tcho-tjyouk.*

Citées par le *Sin im keui nyen tchoal yo.* Auteurs : *Hong Tji-hăi* 洪趾海 et *Ri Heung-tjong* 李興宗.

3466. 寺谷錄

Să kok rok. — Notes de *Să-kok.*

Citées par le *Sin im keui nyen tchoal yo.* Auteur : *Hong Kyei-heui* 洪啓禧.

3467. 平谷錄

Hpyeng kok rok. — Notes de *Hpyeng-kok.*

Citées par le *Sin im keui nyen tchoal yo.* Auteur : *Ri Ryang-htyen* 李亮天.

3468. 近菴立朝始末錄

Keun am rip tjyo si mal rok. — Mémoires de *Keun-am* sur les événements de la cour.

Cités par le *Sin im keui nyen tchoal yo.* Auteur : *Youn Keup* 尹汲, nom posthume *Moun-tjyeng* 文貞 (xviii° siècle).

3469. 戊申勘亂錄

Mou sin kam ran rok. — Mémoires sur l'enquête relative aux troubles de l'année *mou-sin.*

Cités par le *Sin im keui nyen tchoal yo.*

Comparer n° 2039.

3470. 洪氏雜錄

Hong si tjap rok. — Mémoires divers de *Hong Ou-han.*

Cités par le *Sin im keui nyen tchoal yo.* Auteur : *Hong Ou-han* 洪禹翰 de *Tan-yang* 丹陽.

3471. 成仁傳

Syeng in tjyen. — Histoire des dévouements héroïques.

Citée par le *Sin im keui nyen tchoal yo.*

Comparer n° 2939.

3472. 成仁年表

Syeng in nyen hpyo. — Tables chronologiques des dévouements héroïques.

Citées par le *Sin im keui nyen tchoal yo.* Auteur : *Kim Să-moun* 金斯文, nom littéraire *Yeng-syep* 永爕.

3473. 靖獻篇

Tjyeng heu hpyen. — Pages de *Tjyen-hen.*

Citées par le *Sin im keui nyen tchoal yo.* Auteur *Kim Să-moun* 金斯文, surnom *Hen tjăi* 獻材.

3474. 銀臺日記

Eun tăi il keui. — Journal du Conseil privé.

Cité par le *Sin im keui nyen tchoal yo.*

3475. 南泉雜記

Nam tchyen tjap keui. — Mémoires divers de *Nam-tchyen.*

Cités par le *Sin im keui nyen tchoal yo.* Auteur : *Hoang Ou-ha* 黃遇河.

3476. 復恐初從說

Pou kong tcho tjyong syel. — Traités sur les nouvelles craintes(?).

Cité par le *Sin im keui nyen tchoal yo.* Auteur : *Ri Tjăi* 李縡.

3477. 修書雜志

Syou sye tjap tji. — Historiques divers de la préparation des écrits.

Cités par le *Sin im keui nyen tchoal yo.* Auteur : *Ri Eui-tchyel* 李宜哲.

3478. 永陽四難倡義錄

Yeng yang să nan tchyang eui rok. — Histoire de la fidélité de la ville de *Yeng-yang.*

1 vol. in-folio. (L. O. V.)

En quatre circonstances (1592, 1627, 1636, 1728), cette ville (nom officiel *Yeng-tchyen* 永川) a résisté aux ennemis. Liste des hommes qui se sont distingués. Gravure représentant la ville. Préface composée par le Roi *Tjyeng-tjong*, transcrite par *Ryou I-tja* 柳台佐 de *Hpoung-san* 豐山 (1822); préface par *Kim Heui-tjyou* 金熙周, postface de *Ri Tyeng-pyeng* 李鼎秉 (1822).

3479.

Yen tjo koui kam (n° 2407). — Histoire et biographies des clercs de yamen.

2 vol. in-4° formant 3 livres. (L. O. V.)

Cet ouvrage, que je n'avais pu voir moi-même, avait été à tort classé au livre VII. Auteurs : *Ri Tjin-heung* 李震興, surnom *Koang-syou* 光瑞, et *Ri Kyeng-pen* 李慶蕃, surnom *Syeng-kyeng* 盛卿, originaires de *Ouel-syeng* 月城. Préface de 1843 (voir n° 2407); postfaces et préfaces de 1843 par *Hong Tjik-hpil* 洪直弼 de *Tang-syeng* 唐城; de 1844 et de 1846, par *Ri Houi-tjäi* 李彙載 de *Tjin-syeng* 眞城; de 1848, par *Kang Hpil-hyo* 姜必孝 de *Häi-eun* 海隱.

3480. 中東戰紀

Tjyoung tong tjyen keui. — Histoire de la guerre sino-japonaise.

2 vol. petit in-8°, formant 1 livre préliminaire, 8 livres et 3 livres annexes; imprimés en caractères mobiles sur papier genre européen. (L. O. V.)

Texte en coréen (caractères chinois et *en-moun*) par le D^r. (? Américain) *Rim Ak-tji* 林樂知, surnom *Yeng-tjyang* 榮章, et *Tshai Eul-khang* 蔡爾康. Carte du théâtre de la guerre. — Titre en grands caractères, imprimé à Séoul (1899). Lettres relatives à l'ouvrage. Préfaces de *Ryou Keun* 柳瑾, surnom *Syek ryei* 石儷; du D^r. Rim Ak-tji (1896); de *Kong Sin-ming* 龔心銘, surnom *King-tchang* 景張 (1896). Postface par *Hyen Tchäi* 玄采 de *Tchyen-nyeng* 川寧 (1899).

3481. 兩湖右先鋒日記

Ryang ho ou syen pong il keui. — Journal des opérations de guerre au *Tchyoung-tchyeng* et au *Tjyen-ra.*

4 vol. in-folio. (L. O. V.)

Du 10 de la 9e lune de l'année *kap-o* (8 octobre 1894) au 18 de la 2e lune de l'année *eul-mi* (14 février 1895); à la fin du 2e vol., liste des officiers qui ont pris part à l'expédition.

3482. 天倪錄

Htyen yei rok. — Notes.

Ouvrage cité par le *Häi tong syeng tjyek tji.*

CHAPITRE II. — DOCUMENTS RELATIFS À LA CORÉE.

3483. 訓要十條

Houn yo sip tyo. — Testament politique de *Htai-tjo.*

Les dix articles résumés ci-dessous ont circulé comme étant les instructions de *Htai-tjo* à ses successeurs (943):

1° Protéger le bouddhisme;

2° Arrêter la multiplication excessive des bonzeries qui a ruiné le *Sin-ra*;

3° Laisser le trône au fils aîné, sauf le cas d'incapacité;

4° Rester fidèle aux mœurs des *Thang* et ne pas imiter celles des *Keui-tan*;

5° Conserver *Hpyeng-yang* comme seconde capitale et y résider au moins cent jours par an;

6° Ne rien innover dans le culte, ne pas instituer de nouvelles cérémonies; se contenter des fêtes en l'honneur des montagnes et des fleuves, ainsi que des assemblées dites *yen teung* 燃燈會 et *hpal koan* 八關會;

7° Écouter les avis sages, éloigner les flatteurs, ne pas charger le peuple d'impôts;

8° Écarter des fonctions les gens du sud, les esclaves, les serfs des bacs et des postes;

9° Donner des appointements fixes aux fonctionnaires; ne pas enrichir la famille royale, ni les bonzes, ni les gens inutiles; prendre soin de l'armée;

10° Se tenir prêt pour les cas imprévus.

3484.

Tchyeng ya man tjeup (n° 2114). — Documents sur la dynastie actuelle.

14 vol. in-4°, manuscrit.

Le 2° volume est relatif à la période 1469-1544.

3485. 尊周彙編

Tjon tjyou houi hpyen. — Documents historiques.

13 vol. in-folio formant 15 livres, manuscrit.

De 1575 à 1661 et de 1666 à 1800.

3486. 正粹錄

Tjyeng syou rok. — Documents politiques.

1 vol. in-4° formant 2 livres. (L. O. V.)

Recueil de lettres, inscriptions, documents relatifs aux années 1866 et suivantes. — Préfaces par *Ri Syou-pong* 李秀鳳 de *Oan-san* 完山 (1874), par *Seung Myeng-tjyou* 承命周 de *Yen-il* 延日 (1874). Postfaces par *Youn Tjă-myeng* 尹滋命 de *Pan-syeng* 半城 (1874) et par *An Koang-meuk* 安光默 de *Tjyouk-syeng* 竹城 (1874).

3487. 刀劍錄

To kem rok. — Traité des sabres.

Cité par le *Mou yei to po htong tji.* Auteur : *To Hong-kyeng* 陶弘景.

3488. 兵仗記

Pyeng tjyang keui. — Mémoire sur les armes.

Cité par le *Mou yei to po htong tji.* Auteur : *Oang Tjak* 王晫.

3489. 睿製大造殿懸板楊本

Yei tjyei tai tjo tyen hyen hpan htap pon. — Inscription sur bois de la salle royale *Tai-tjo*, composée par le Prince héritier; estampage.

2 rouleaux. (B. R.)

Cette salle est située au Palais *Tchyang-tek* 昌德宮.

3490. 睿筆重熙堂壁題

Yei hpil tjyoung heui tang pyek tjei. — Sentence inscrite sur la muraille de la salle *Tjyoung-heui*, écrite par le Prince héritier.

1 rouleau et 1 vol. (B. R.)

Salle construite en 1782 dans le Palais *Tchyang-tek.*

3491. 御製閱武亭四井記帖

E tjyei yel mou tyeng să tjyeng keui htyep. — Notice commémorative des quatre puits du pavillon *Yel-mou.*

1 vol. (B. R.) — 1 copie (M. C.)

Inscription gravée sur une stèle dans le Palais *Tchyang-tek*; composée par le Roi en 1690.

3492. 御製翠寒亭懸板榻本

E tjyei tchyoui han tyeng hyen hpan htap pon. — Inscription sur bois du pavillon *Tchyoui-han*, composée par le Roi, estampage.

1 vol. (B. R.)

Au Palais *Tchyang-tek*.

3493. 澄光樓柱聯榻本

Tjing koang rou tjyou ryen htap pon. — Sentences parallèles des colonnes du pavillon *Tjing-koang*, estampage.

1 rouleau. (B. R.)

Au Palais *Tchyang-tek*.

3494. 通明殿懸板榻本

Htong myeng tyen hyen hpan htap pon. — Inscription sur bois de la salle royale *Htong-myeng*, estampage.

1 vol. (B. R.)

Cette salle, située au Palais *Tchyang-kyeng* 昌慶宮, incendiée en 1624 et en 1830, a été reconstruite en 1633 et en 1833.

3495. 睿製景春殿懸板榻本。記帖

Yei tjyei kyeng tchyoun tyen hyen hpan htap pon — Keui htyep. — Inscription sur bois de la salle royale *Kyeng-tchyoun*, composée par le Prince héritier; estampages; exemplaire en paravent.

2 rouleaux, 1 vol. (B. R.)

Au Palais *Tchyang-kyeng*.

3496. 睿製時敏堂

Yei tjyei si min tang. — (Inscription) de la salle *Si-min*, composée par le Prince héritier.

1 vol. (B. R.)

Salle du Palais *Tchyang-kyeng*, brûlée sous le règne de *Tjyeng-tjong*.

3497. 養和堂懸板榻本

Yang hoa tang hyen hpan htap pon. — Inscription sur bois de la salle *Yang-hoa*, estampage.

1 vol. (B. R.)

Situé au Palais *Tchyang-kyeng*.

3498. 英廟御筆文昭殿舊基碑

Yeng myo e hpil moun syo tyen kou keui pi. — Stèle commémorative de la salle royale *Moun-syo*, écrite par le Roi *Yeng-tjong*.

2 rouleaux (B. R.)

Cette salle fut construite en 1433, en même temps que la salle *Koang-hyo* 廣孝殿, et nommée d'abord *In-syo* 仁昭殿; l'une et l'autre furent consacrées au culte des premiers Rois, auprès desquels leurs successeurs prirent place à leur tour; elles furent brûlées en 1592. Une salle du même nom a été construite dans le Palais *Kyeng-pok* 景福宮 sur l'ancien emplacement.

3499. 純廟御製景秋殿記帖

Syoun myo e tjyei kyeng tchyou tyen keui htyep. — Notice commémorative de la salle royale *Kyeng-tchyou*, composée par le Roi *Syoun-tjo*.

1 vol. en paravent. (B. R.)

Je n'ai pas trouvé d'autre mention de cette salle; au Palais *Kyeng-pok*, une porte a ce même nom.

3500. 御筆執慶殿舊基碑楊本

E hpil tjip kyeng tyen kou keui pi htap pon. — Stèle commémorative de la salle royale *Tjip-kyeng*, inscription écrite par le Roi; estampage.

1 vol. (B. R.)

3501. 御筆祝釐堂懸板楊本

E hpil tchou ri tang hyen hpan htap pon. — Inscription sur bois de la salle *Tchou-ri*, écrite par le Roi; estampage.

1 vol. (B. R.)

3502. 御製栗園亭記楊本帖

E tjyei ryoul ouen tyeng keui htap pon htyep. — Notice commémorative du pavillon *Ryoul-ouen*, composée par le Roi; estampage.

1 vol. en paravent. (B. R.)

3503. 御筆得中亭懸板楊本

E hpil teuk tjyoung tyeng hyen hpan htap pon. — Inscription sur bois du pavillon *Teuk-tjyoung*, écrite par le Roi; estampage.

1 vol. (B. R.)

3504. 御製中心亭銘楊本帖

E tjyei tyyoung sim tyeng myeng htap pon htyep. — Inscription du pavillon *Tjyoung-sim*, écrite par le Roi; estampage.

1 vol. en paravent. (B. R.)

3505. 御筆壯南軒懸板楊本

E hpil tjang nam hen hyen hpan htap pon. — Inscription sur bois du pavillon *Tjang-nam*, écrite par le Roi; estampage.

1 vol. (B. R.)

3506. 觀風軒重修記帖

Koan hpoung hen tjyoung syou keui htyep. — Notice commémorative de la reconstruction du pavillon *Koan-hpoung*.

1 vol. en paravent. (B. R.)

3507. 哲宗御製禦牧軒懸板帖

Tchyel tjong e tjyei e mok hen hyen hpan htyep. — Inscription sur bois du pavillon *E-mok*, composée par le Roi *Tchyel-tjong*.

1 vol. en paravent. (B. R.)

3508. 御筆富林軒懸板楊本

E hpil pou rim hen hyen hpan htap pon. — Inscription sur bois du pavillon *Pou-rim*, écrite par le Roi; estampage.

1 vol. (B. R.)

3509. 承華樓懸板帖

Seung hoa rou hyen hpan htyep. — Inscription sur bois du pavillon *Seung-hoa*.

1 vol. en paravent. (B. R.)

Comparer n° 1502.

3510. 御筆萃清舘懸板榻本

E hpil tchyoui tchyeng koan hyen hpan htap pon. — Inscription sur bois de la salle *Tchyoui-tchyeng*, écrite par le Roi; estampage.

1 vol. (B. R.)

3511. 御筆穩穩舍懸板榻本

E hpil on on sya hyen hpan htap pon. — Inscription sur bois de la chambre *On-on*, écrite par le Roi; estampage.

1 vol. (B. R.)

3512. 今上御筆毓祥廟懸板草本

Keum syang e hpil youk syang myo hyen hpan tcho pon. — Inscription sur bois du temple *Youk-syang*, écrite par le Roi régnant; projet.

1 vol. (B. R.)

Ce temple a été fondé en 1725 à Séoul, par le Roi *Yeng-tjo*, en l'honneur de sa mère, femme de second rang de *Syouk-tjong.*

Comparer n° 1251.

3513. 孔子廟碑

Kong tjă myo pi. — Stèle du temple de Confucius.

Planches pour la reproduction de l'estampage gardées à *Hăi tjyou*; citées par le *Ko să tchoal yo.* Peut-être est-ce l'inscription élevée par *Syei-tjong*, composée par *Pyen Kyei-ryang* 卞季良, transcrite par *Kouen Hong* 權弘.

3514. 哲宗御製皇壇齋室懸板帖

Tchyel tjong e tjyei hŏang tan tjăi sil hyen hpan htyep. — Inscription sur bois de la salle d'abstinence du *Hoang-tan*, composée par le Roi *Tchyel-tjong.*

1 vol. en paravent. (B. R.)

Comparer n° 1164.

3515. 皇壇望拜禮時傳敎懸板印本帖

Hoang tan oang păi ryei si tjyen kyo hyen hpan in pon htyep. — Décret donné lors du salut au *Hoang-tan*, inscrit sur bois; estampage.

1 vol. en paravent. (B. R.)

3516. 經理朝鮮右僉都御史楊公去思碑

Kyeng ri tjyo syen ou tchyem to e să yang kong ke să pi. — Stèle commémorative du départ de *Yang*, second grand censeur, chargé des affaires coréennes.

2 estampages de 1 m. ×2 m. 10, montés en kakémonos. (L. O. V.)

1 copie. (M. C.)

Yang Hao 楊鎬 fut au nombre des mandarins qui commandaient les troupes chinoises envoyées au secours de la Corée (1592). L'inscription comprend deux parties : l'une composée par *Ri Tyeng-koui* 李廷龜 (1612); l'autre par *Sin Tjăi-sik* 申在植 (1835); la stèle, située à l'ouest de Séoul, au nord du yamen du gouverneur de la province, existait encore en 1892.

3517. 四朝御製御筆東南廟碑

Să tjyo e tjyei e hpil tong nam myo pi. — Stèles des deux temples du Dieu de la Guerre : inscriptions composées et écrites par quatre souverains.

1 vol. ; 12 rouleaux. (B. R.) (Bibl. nat., Nouveau fonds chinois, 3473, 3469, 3467, 3472). — 1 copie. (M. C.)

Les inscriptions sont dues au Roi *Syouk-tjong* (1695), au Roi *Yeng-tjong* (1730), au Prince héritier *Tjang-hen* (1752), au Roi *Tjyeng-tjong* (1785).

3518. 御製讀書堂舊基碑銘

E tjyei tok sye tang kou keui pi myeng. — Inscription de la stèle élevée sur l'ancien emplacement de la salle *Tok-sye;* composition royale.

2 vol. et 1 rouleau. (B. R.)

Dans cette salle se réunissaient de jeunes fonctionnaires qui poursuivaient leurs études; elle fut fondée à *Ryong-san* 龍山 (1426), fut supprimée et rétablie plusieurs fois et disparut enfin en 1709.

3519. 遲遲臺碑銘帖

Tji tji tăi pi myeng htyep. — Inscription de la stèle sur la terrasse *Tji-tji.*

1 vol. en paravent. (B. R.) — 1 copie. (M. C.)

Cette terrasse est située près de *Syou-ouen* 水原, sur la route de Séoul; l'inscription a été composée par *Sye Yeng-po* 徐榮輔 (1807).

3520. 御製花山龍珠寺奉佛祈福偈

E tjyei hoa san ryong tjyou să pong poul keui pok kei (n° 2274). — Vers de la bonzerie de *Ryong-tjyou*, du *Hoa-san*, pour glorifier le Bouddha et demander le bonheur; composition royale.

1 vol. fac-similé d'autographe ou d'estampage en blanc sur noir (B. R.—L. O. V.) — 1 copie (M. C.)

Cette inscription, comprenant un texte avec annotations, est datée de 1795; dans la bonzerie, on n'a pu me la montrer, soit que la stèle n'ait jamais été gravée, soit qu'elle ait disparu.

3521. 江華忠烈祠記帖

Kang hoa tchyoung ryel să keui htyep. — Notice commémorative de la chapelle de *Tchyoung-ryel*, à *Kang-hoa.*

1 vol. en paravent. (B. R.)

Cette chapelle fut fondée en 1642 en l'honneur de *Kim Syang-yong* 金尙容, *Ri Syang-kil* 李尙吉, *Hong Myeng-hyeng* 洪命亨, etc.

3522. 御製忠烈祠碑帖

E tjyei tchyoung ryet să pi htyep. — Stèle de la chapelle de *Tchyoung-ryel*, inscription composée par le Roi.

1 vol. en paravent. (B. R.)

Comparer aussi n° 1181.

3523. 大清皇帝功德碑

Tai tchyeng hoang tyei kong tek pi.

— Stèle de la clémence de l'Empereur des *Tshing*.

2 estampages de 1 m. 40 × 3 m. 10 montés en kakémonos. (L. O. V.) — 1 copie. (M. C.)

La face de l'inscription est en mantchou ; le revers, en chinois, a été composé par *Ri Kyeng-syek* 李景奭 (1639). La stèle, en 1892, subsistait au sud du fleuve *Han* 漢, à *Syong-hpa* 松坡.

Cf. A Corean monument to Manchu clemency, by W. R. Carles (Journal of the China Branch of the Royal Asiatic Society, XXIII, N. S., 1888, n° 1, p. 1 ; n° 3, p. 285).

3524. 御筆聖跡碑

E hpil syeng tjyek pi. — Stèle rappelant un événement de la vie d'un Roi ; inscription écrite par le Roi.

1 rouleau et 1 vol. (B. R.)

3525. 大唐平百濟國碑銘

Tai tang hpyeng păik tjyei kouk pi myeng. — Inscription de la stèle érigée à propos de la soumission du *Păik-tjyei* aux *Thang*.

2 cahiers in-8°, manuscrit. (M. C.)

L'inscription, due à *Khiuen Hoai-sou* 權懷素 de *Lo-rcheou* 洛州, est datée de 660 ; elle a été élevée sur l'emplacement de la capitale du *Păik-tjyei*. La stèle a été retrouvée en terre à *Pou-ye* 扶餘 (1892) ; des copies et des estampages ont alors été pris.

Cf. Discovery of an important monument (Korean Repository, 1892, p. 109).

3526. 落花岩碑文

Rak hoa am pi moun. — Inscription de la stèle de *Rak-hoa-am*.

1 vol. (B. R.)

C'est de la cime de *Rak-hoa* que les femmes du palais du roi de *Păik-tjyei* se précipitèrent dans le fleuve, lors de la prise de la capitale par les Chinois.

3527. 御製温宮靈槐臺碑帖

E tjyei on koung ryeng hoi tăi pi htyep. — Stèle de la terrasse de *Ryeng-hoi* à *On-koung* ; inscription composée par le Roi.

1 vol. en paravent. (B. R.)

Cette inscription date vraisemblablement de 1795.

Comparer n° 2290.

3528. 錦江亭記

Keum kang tyeng keui. — Notice commémorative du pavillon du *Keum-kang*.

1 vol. (B. R.)

Le *Keum-kang* passe à *Kong-tjyou* 公州.

Comparer n° 2254.

3529. 荒山大捷碑。碑閣懸板搨帖

Hoang san tai tchyep pi – Pi kak hyen hpan htap htyep. — Stèle de la victoire de *Hoang-san*. Inscription sur bois placée dans le pavillon de la stèle ; estampage.

2 vol. et 1 rouleau. (B. R.)

Le fondateur de la dynastie régnante remporta à *Hoang-san* une victoire sur les Japonais.

3530. 紛(?)條制札

Poun (?) *tyo tjyei tchal.* — Règlement par articles.

1 estampage de o m. 65 × 1 m. 4o. (M. C.)

Inscription datée de l'année *kyou-hăi* (1623, 1683, 1743, 1803 ou 1863); texte des règles imposées aux Japonais, à *Pou-san* 釜山. La stèle, érigée près de l'établissement des Japonais, est aujourd'hui gardée au Consulat du Japon à *Pou-san*.

3531. 肅宗朝御製御筆鏡浦臺懸板帖

Syouk tjong tjyo e tjyei e hpil kyeng hpo tăi hyen hpan htyep. — Inscription sur bois de la terrasse *Kyeng-hpo*, composée et écrite par le Roi *Syouk-tjong*; estampage.

2 vol. en paravent. (B. R.)

Cette terrasse est au bord de la mer, dans le district de *Kang-reung* 江陵.

Comparer n° 2256.

3532. 陟州東海碑

Tchyek tjyou tong hăi pi. — Stèle de la mer orientale, dans le district de *Tchyek-tjyou*.

I. — 1 estampage de 1 m. 15 × 1 m. 25, monté en kakémono (L. O. V.)

L'inscription en caractères sigillaires a été écrite et érigée par *He Mok* 許穆, surnom *Kong-am* 孔巖 (1661); placée dans l'île de *Tyeng-ra* 汀羅島, elle arrêtait les flots lors des grandes marées, d'après la légende. Renversée cependant, elle fut rétablie dans l'île de *Tai-kos* 竹串島 (1709) avec une note finale rappelant le fait.

II. — 1 vol. in-4°. (L. O. V.)

En tête, lecture en caractères modernes.

III. — 1 vol. in-folio, en paravent. (M. C.)

Lecture en caractères modernes manuscrits.

3533. 宣祖大王海州駐蹕紀跡碑帖

Syen tjo tai oang hăi tjyou tjyou hpil keui tjyek pi htyep. — Stèle rappelant le séjour du Roi *Syen-tjo* à *Hăi-tjyou*.

1 vol. (B. R.)

3534. 武烈祠圖。懸板帖

Mou ryel să to. – *Hyen hpan htyep.* — Plan de la chapelle de *Mou-ryel*. – Inscription sur bois de la même chapelle.

1 rouleau et 1 vol. en paravent. (B. R.)
Comparer n° 1182.

3535. 定州兩聖紀跡碑

Tyeng tjyou ryang syeng keui tjyek pi. — Stèle commémorative de deux Rois à *Tyeng-tjyou*.

2 vol. (B. R.)

3536. 定州忠義壇事跡碑錄帖。賜領印本帖

Tyeng tjyou tchyoung eui tan să tjyek pi rok htyep. – *Să ăik in pon htyep.* — Stèle commémorative de l'autel de *Tchyoung-eui* à *Tyeng-tjyou*, copie. – Tablette dédicatoire donnée par le Roi; estampage.

2 vol. en paravent. (B. R.)

3537. 博川聖跡碑

Pak tchyen syeng tjyek pi. — Stèle commémorative du Roi à *Pak-tchyen.*

2 rouleaux. (B. R.)

Le Roi traversa cette localité, lorsqu'il se réfugia à *Eui-tjyou* 義州 (1592).

3538. 諸氏雙忠事跡碑印本帖

Tjye si.ssang tchyoung să tjyek pi in pon htyep. — Stèle commémorative de la double fidélité de la famille *Tjye.*

1 vol. (B. R.)

3539. 韃靼洞勝戰記跡碑

Tal tal tong seung tjyen keui tjyek pi. — Stèle commémorative de la victoire de *Tal-tal-tong.*

4 rouleaux (face et revers). (B. R.)

A ce village, situé dans le district de *Hong-ouen* 洪原, le futur *Htai-tjo,* sous le règne du Roi *Kong-min,* vainquit le Mongol *Na-ha-tchhou* 納哈出.

3540. 句麗古碑

Kou rye ko pi. — Stèle antique du *Ko-kou-rye.*

Estampage en 4 parties au Musée d'Uheno, Tôkyō. — Photographies de l'estampage (L. O. V. — Bibl. nat., nouveau fonds chinois, 5117. — M. C.)

L'inscription date de 414 p. C.; la stèle a été découverte sur le territoire de *Hoai-jen* 懷仁 (province de Moukden), vers 1880; elle a fait l'objet de divers travaux en langue japonaise.

Cf. Stèle chinoise du royaume de Ko-kou-rye, par Maurice Courant (Journal asiatique, mars-avril 1898).

3541. 御製釋王寺碑文

E tjyei syek oang să pi moun. — Inscriptions de la bonzerie de *Syek-oang,* composées par divers Rois.

1 vol. et 2 rouleaux. (B. R.) — Copies. (Comm. Fr. Séoul. — M. C.).

1° Inscription sur bois (1377), due à *Ri Syeng-kyei* 李成桂, plus tard *Htai-tjo;*
2° Stèle avec inscription de *Syouk-tjong* (1708);
3° Stèle avec inscription de *Yeng-tjo* (1758);
4° Stèle avec inscription de *Tjyeng-tjong* (1790).

La bonzerie de *Syek-oang,* fondée par *Htai-tjo* avant son avènement (1384), est située dans le district de *An-pyen* 安邊.

Dans deux ouvrages cités aux n°s 2196, 3635, M. Chaillé-Long bey a employé, en les abrégeant et modifiant, diverses notices provenant de *Syek-oang-să* et différentes des inscriptions notées ici; elles sont datées de 1757, 1761, 1806. L'auteur désigne ces notices de la manière suivante :
1° Description et composition du monastère de Sok-Oang-Sa;
2° Légende de la bonzerie de la cime de Sol-pong, écrite par le vieux bonze Sso-san;
3° Histoire de Sok-Oang-Sa écrite par le vieux bonze Sso-san;
4° Histoire du bonze To-Sou, professeur du Roi de Kaoli.

3542. 永興府宮闥里紀跡碑

Yeng heung pou koung tal ri keui tjyek pi. — Stèle commémorative du village de *Koung-tal,* préfecture de *Yeng-heung.*

4 rouleaux (face et revers). (B. R.)

Relative à l'un des ancêtres rapprochés de *Htai-tjo* (dynastie régnante).

3543. (Sans titre.)

1 vol. in-folio, estampages. (B. R. — L. O. V.)

1° 德源府赤田社紀蹟碑銘

Tek ouen pou tjyek tyen sya keui tjyek pi myeng. — Inscription de la stèle commémorative de *Tjyek-tyen*, préfecture de *Tek-ouen*.

L'inscription a été composée par le Roi (1787), transcrite par *Tjyeng Min-si* 鄭民始. *Tjyek-tyen* a été plusieurs fois la résidence de *Mok-tjo*, *Ik-tjo* et *To-tjo*.

2° 慶興府赤島紀蹟碑銘

Kyeng heung pou tjyek to keui tjyek pi myeng. — Inscription de la stèle commémorative de *Tjyek-to*, préfecture de *Kyeng-heung*.

Composée par le Roi (1787), transcrite par *You En-ho* 俞彥鎬. *Ik-tjo* se réfugia à *Tjyek-to* pour échapper aux *Nye-tjin* 女眞.

3° 慶興府赤池紀蹟碑銘

Kyeng heung pou tjyek tji keui tjyek pi myeng. — Inscription de la stèle commémorative de *Tjyek-tji*, préfecture de *Kyeng-heung*.

Composée par le Roi (1787), transcrite par *Youn Tong-syem* 尹東暹. *To-tjo* vit en songe le dragon de l'étang *Tjyek* et tua un autre dragon qui voulait le déposséder.

3544. 英廟御筆清冷浦碑帖

Yeng myo e hpil tchyeng răing hpo pi htyep. — Stèle de *Tchyeng-răing-hpo*, inscription écrite par le Roi *Yeng-tjo*.

1 vol. en paravent. (B. R.)

3545. 御製馳馬臺搨本帖。馳馬臺舊基碑。馳馬道碑銘帖

E tjyei tchi ma mo htap pon htyep. - Tchi ma tăi kou keui pi. - Tchi ma to pi myeng htyep. — Inscription du tombeau *Tchi-ma*, composée par le Roi; estampage. - Stèle commémorative de la place de la terrasse *Tchi-ma*. - Inscription de la stèle du chemin de *Tchi-ma*.

2 vol. en paravent et 2 rouleaux. (B. R.)

3546. 寶孟山石臺庵南湖律師開刊華嚴碑銘並序.

Po măing san syek tăi am nam ho ryoul să kăi kan hoa em pi myeng pyeng sye. — Inscription d'une stèle rappelant que *Nam-ho*, maître du vinaya, de la bonzerie *Syek-tăi*, de la montagne *Po-măing*, a commencé la gravure du *Hoa em kyeng*.

1 estampage. (Bonzerie de *Tjyen-teung* 傳燈寺 à *Kang-hoa* 江華.)

Cet estampage porte la date de 1875; pour le *Hoa em kyeng*, cf. n° 2635.

3547. 莊烈碑帖。靈泉碑帖

Tjang ryel pi htyep. - Ryeng tchyen pi htyep. — Stèle de *Tjang-ryel*. - Stèle de la source merveilleuse de *Tjang-ryel*.

2 vol. en paravent. (B. R.)

3548. 磨崖碑

Ma ai pi. — Stèle de *Ma-ai*.

Planches gardées à *Nam-ouen* 南原.

pour la reproduction de l'estampage; citées par le *Ko să tchoal yo* et le *Tong kyeng tjap keui.*

3549. 神懿王后誕降舊基碑

Sin eui oang hou htan kang kou keui pi. — Stèle commémorative de l'endroit où est née la Reine *Sin-eui.*

4 rouleaux (face et revers). (B. R.)

Cette Reine, d'une famille de *An-pyen* 安邊, fut la première femme de *Htai-tjo* et mourut en 1391 avant l'avènement de son mari.

3550. 齊陵碑帖

Tjyei reung pi htyep. — Stèle du *Tjyei-reung.*

1 vol. en paravent. (B. R.)

Tombeau de la Reine *Sin-eui.*

3551. 御製御筆神德王后私第舊基碑帖

E tjyei e hpil sin tek oang hou să tyei kou keui pi htyep. — Stèle commémorative de l'emplacement de la maison privée de la Reine *Sin-tek;* inscription composée et écrite par le Roi.

1 vol. en paravent. (B. R.)

La Reine *Sin-tek*, originaire de *Kok-san* 谷山, fut la seconde femme de *Htai-tjo* et mourut en 1396.

3552. 獻陵碑帖

Hen reung pi htyep. — Stèle du *Hen-reung.*

1 vol. en paravent. (B. R.)

Tombeau de *Htai-tjong.*

3553. 恭陵表石

Kong reung hpyo syek. — Figures extérieures du *Kong-reung.*

2 rouleaux (face et revers). (B. R.)

Tombeau de la Reine *Tjyang-syoun* 章順王后, première femme de *Yei-tjong*, morte en 1461 avant l'avènement de son mari.

3554. 順陵表石

Syoun reung hpyo syek. — Figures extérieures du *Syoun-reung.*

2 rouleaux (face et revers). (B. R.)

Tombeau de la Reine *Kong-hyei* 恭惠王后, première femme de *Syeng-tjong*, morte en 1474.

3555. 端敬王后温陵碑

Tan kyeng oang hou on reung pi. — Stèle du *On-reung*, tombeau de la Reine *Tan-kyeng.*

2 rouleaux (face et revers). (B. R.)

Cette Reine, première femme de *Tjyoung-tjong*, fut répudiée en 1506 et mourut en 1557.

3556. 靜嬪閔氏墓碣帖

Tjyeng pin min si mo kal htyep. — Stèle du tombeau de la Dame *Tjyeng*, née *Min*, épouse royale de 2ᵉ rang.

1 vol. en paravent. (B. R.)

Épouse secondaire de *Syen-tjo.*

3557. 莊烈王后徽陵誌文

Tjang ryel oang hou houi reung tji

moun. — Vie déposée au *Houi-reung* de la Reine *Tjang-ryel.*

2 rouleaux. (B. R.)

Seconde femme de *In-tjo*, cette Reine mourut en 1688.

3558. 正廟御製御筆弘陵碑帖

Tjyeng myo e tjyei e hpil hong reung pi htyep. — Stèle du *Hong-reung*, inscription composée et écrite par le Roi *Tjyeng-tjong.*

1 vol. en paravent. (B. R.)

Tombeau de la Reine *Tjyeng-syeng* 貞聖 王后, première femme de *Yeng-tjo*, morte en 1757.

3559. 貞純王后元陵碑

Tjyeng syoun oang hou ouen reung pi. — Stèle du *Ouen-reung*, tombeau de la Reine *Tjyeng-syoun.*

4 rouleaux (face et revers). (B. R.)

Cette Reine, seconde femme de *Yeng-tjo*, mourut en 1805.

3560. 孝章孝純墓碑

Hyo tjyang hyo syoun mo pi. — Stèles des tombeaux *Hyo-tjyang* et *Hyo-syoun.*

1 rouleau. (B. R.)

Le Prince héritier, fils aîné de *Yeng-tjo*, étant mort en 1728, reçut le nom honorifique de *Hyo-tjyang* 孝章世子; sa veuve, morte en 1751, fut nommée *Hyo-syoun* 孝純嬪. L'un et l'autre, en 1776, reçurent les titres posthumes de Roi et Reine (*Tjin-tjong* et Reine *Hyo-syoun*); leur tombeau fut appelé *Yeng-reung* 永陵.

3561. 御製御筆永陵碑帖

E tjyei e hpil yeng reung pi htyep. — Stèle du *Yeng-reung*, inscription composée et écrite par le Roi.

1 vol. en paravent. (B. R.)

Comparer le numéro précédent et Bibl. nat., nouveau fonds chinois, 3474.

3562. 健陵碑。表石

Ken reung pi - Hpyo syek. — Stèle du *Ken-reung.* - Figures extérieures du même tombeau.

1 vol. et 5 rouleaux. (B. R.)

Tombeau de *Tjyeng-tjong.*

3563. 御製宜嬪成氏墓碑銘

E tjyei eui pin syeng si mo pi myeng. — Inscription du tombeau de la Dame *Eui*, née *Syeng*, épouse royale de 2ᵉ rang; composition royale.

1 vol. en paravent. (B. R.) — 1 copie. (M. C.)

Épouse secondaire de *Tjyeng-tjong*, mère du Prince héritier *Moun-hyo* 文孝世子, morte en 1786.

3564. 徽慶園碑。表石。遷奉碑

Houi kyeng ouen pi. - Hpyo syek. - Tchyen pong pi. — Stèle du tombeau *Houi-kyeng.* - Figures extérieures du même tombeau. - Stèle pour la translation du même.

5 rouleaux. (B. R.)

Tombeau de la Dame *Hyen-mok-you*, du palais *Ka-syoun*, née *Pak* 嘉順宮顯穆

綏嶺朴氏, femme secondaire de *Tjyeng-tjong*, mère de *Syoun-tjo;* le transfert du tombeau a eu lieu en 1855.

Comparer n° 1364.

3565. 仁陵碑。遷奉碑。合封 碑。表石

In reung pi. - *Tchyen pong pi.* – *Hap pong pi.* – *Hpyo syek.* — Stèle du *In-reung.* – Stèle pour la translation du même. – Stèle pour la fermeture du même. – Figures extérieures.

1 vol. et 6 rouleaux. (B. R.)

Tombeau de *Syoun-tjo*, transféré en 1856.

3566. 延慶墓碑

Yen kyeng mo pi. —— Stèle du tombeau *Yen-kyeng.*

2 rouleaux (face et revers). (B. R.)

Le Prince héritier, fils de *Syoun-tjo*, étant mort en 1830, reçut les noms posthumes de *Moun-ho-hyo-myeng* 文祜孝明世子 et son tombeau fut nommé *Yen-kyeng;* en 1835, ce prince devint le Roi *Ik-tjong* et son tombeau fut appelé *You-reung* 綏陵.

Comparer n° 1366.

3567. 綏陵碑。丙午乙卯遷奉 碑。表石

You reung pi. – *Pyeng o eul myo tchyen pong pi.* – *Hpyo syek.* — Stèle du *You-reung.* – Stèle pour les translations de 1846 et de 1855. – Figures extérieures.

22 rouleaux (face et revers). (B. R.)

Comparer le numéro précédent.

3568. 景陵碑。合封碑。表石

Kyeng reung pi. – *Hap pong pi.* – *Hpyo syek.* —— Stèle du *Kyeng-reung.* – Stèle pour la fermeture du même tombeau. – Figures extérieures.

6 rouleaux. (B. R.)

Tombeau de *Hen-tjong.*

3569. 孝顯王后景陵碑

Hyo hyen oang hou kyeng reung pi. —— Stèle du *Kyeng-reung*, tombeau de la Reine *Hyo-hyen.*

4 rouleaux. (B. R.)

Première femme de *Hen-tjong*, morte en 1843.

3570. 御製御筆鎭安大君碑

E tjyei e hpil tjin an tai koun pi. —— Stèle du Grand-Prince de *Tjin-an*, inscription composée et écrite par le Roi.

1 vol. (B. R.)

Ce prince, fils aîné de *Ri Syeng-kyei* 李成桂, plus tard Roi et connu sous le nom posthume de *Htai-tjo*, était ministre de la guerre du *Ko-rye* en 1392; il se retira dans la province de *Ham-kyeng* pour ne pas manquer à la fidélité envers son souverain.

3571. 豐安君神道碑。墓表

Hpoung an koun sin to pi. - *Mo hpyo.* —— Stèle sur le chemin du tombeau du Prince de *Hpoung-an.* – Figures extérieures.

2 vol. (B. R.)

Peut-être s'agit-il du duc de *Hpoung-an*

豐安正, descendant de *Htai-tjong* à la 4ᵉ génération par son 8ᵉ fils.

3572. 樂善君碑文帖

Rak syen koun pi moun htyep. — Inscription de la stèle du Prince de *Rak-syen.*

1 vol. estampage. (B. R.)

Fils de *In-tjo*, devenu par adoption petit-fils de *Syen-tjo* (fils de son 8ᵉ fils).

3573. 孝簡公神道碑銘

Hyo kan kong sin to pi myeng. — Inscription de la stèle sur le chemin du tombeau de *Hyo-kan-kong.*

1 vol. (B. R.) — 1 copie. (M. C.)

Nom posthume du Prince de *Hoa-san* 花山君, descendant de *Syen-tjo* à la troisième génération (1647-1702). Inscription de 1747.

3574. 麟平大君碑文。表石

Rin hpyeng tai koun pi moun. – *Hpyo syek.* — Inscription de la stèle du Grand-Prince de *Rin-hpyeng.* - Figures extérieures.

2 vol. (B. R.)

Second fils de *In-tjo.*

Comparer n° 1187.

3575. 永祐園碑

Yeng ou ouen pi. — Stèle du tombeau *Yeng-ou.*

2 rouleaux (face et revers). (B. R.)

A la mort du Prince héritier *Tjang-hen* 莊獻世子 (1762), son tombeau reçut ce nom; lors de la translation accomplie en 1789, le tombeau fut nommé *Hyen-ryoung* 顯隆園.

Comparer n° 1395, 1396, 1397.

3576. 顯隆園表石。惠嬪顯隆園碑

Hyen ryoung ouen hpyo syek. – *Hyei pin hyen ryoung ouen pi.* — Pierre tombale du tombeau *Hyen-ryoung.* - Stèle du même tombeau pour la Dame *Hyei.*

4 rouleaux (face et revers). (B. R.)

La Dame *Hyei* était la veuve du Prince héritier *Tjang-hen*, mère du Roi *Tjyeng-tjong* (morte en 1815).

Comparer le numéro précédent.

3577. 恩彥君墓碑文

Eun en koun mo pi moun. — Inscription funéraire du Prince de *Eunen.*

1 rouleau. (B. R.) — 1 copie. (M. C.)

Troisième fils du Prince héritier *Tjang-hen* (n° 3575), né en 1754, mort en 1801; inscription érigée en 1851.

3578. 全山郡夫人墓碣帖

Tjyen san koun pou in mo kal htyep. — Stèle du tombeau de la Princesse de *Tjyen-san.*

1 vol. en paravent. (B. R.)

Seconde femme du précédent; grand'mère du Roi *Tchyel-tjong*, née en 1764, morte en 1819.

3579. 全溪大院君呂書碑文

Tjyen kyei tai ouen koun rye sye pi moun. — Inscription de la stèle du Grand-Prince de *Tjyen-kyei*, écrite par *Rye*.

1 vol. (B. R.)

Ce Prince (1785-1841) était fils du Prince de *Eun-en* (n° 3577); son fils a régné et est appelé *Tchyel-tjong*.

3580. 完陽府大夫人墓碑文

Oan yang pou tai pou in mo pi moun. — Inscription de la stèle funéraire de la Grande-Princesse de *Oan-yang*.

1 rouleau. (B. R.)

Née *Tchoi* 崔氏, première femme du précédent; le Roi *Tchyel-tjong* est né du second mariage avec la Grande-Princesse de *Ryong-syeng* 龍城府大夫人, née *Ryem* 廉.

3581. 哲宗御製懷平君墓碣帖

Tchyel tjong e tjyei hoi hpyeng koun mo kal htyep. — Stèle funéraire du prince de *Hoi-hpyeng;* inscription composée par le Roi *Tchyel-tjong*.

1 vol. en paravent. (B. R.)

Frère aîné du Roi *Tchyel-tjong*, mort enfant.

3582. 恩信君昭愍公神道碑

Eun sin koun syo min kong sin to pi. — Stèle sur la route du tombeau de *Syo-min-kong*, Prince de *Eun-sin*.

1 rouleau. (B. R.)

Quatrième fils du Prince héritier *Tjang-hen* (n° 3575).

Cf. Bibl. nat., nouveau fonds chinois, 3476.

3583. 御製昭愍公碑帖

E tjyei syo min kong pi htyep. — Stèle de *Syo-min-kong*, inscription composée par le Roi.

1 vol. en paravent. (B. R.)

Comparer le numéro précédent.

3584. 驪興府夫人閔氏碑銘

Rye heung pou pou in min si pi myeng. — Inscription funéraire de la Princesse de *Rye-heung*, née *Min*.

1 vol. en paravent. (B. R.)

Peut-être la grand'mère du Roi régnant (aujourd'hui Empereur), femme du Prince de *Nam-yen* 南延君, fils adoptif du Prince de *Eun-sin* (n° 3582).

3585. 御筆文孝世子神道碑銘帖。孝昌墓碑。神道碑

E hpil moun hyo syei tjă sin to pi myeng htyep. — *Hyo tchyang mo pi.* — *Sin to pi.* — Inscription de la stèle sur le chemin du tombeau du Prince héritier *Moun-hyo*, écrite par le Roi. — Stèle du tombeau *Hyo-tchyang*. — Stèle sur le chemin du même tombeau.

2 vol. et 2 rouleaux. (B. R.) — 1 copie. (M. C.)

Fils aîné de *Tjyeng-tjong* (1782-1786). En 1870, ce tombeau a été élevé à la 2ᵉ classe et nommé *Moun-heui-ouen* 文禧園.

3586. 孝憲公神道碑謄本

Hyo hen kong sin to pi teung pon.

— Stèle sur le chemin du tombeau de *Hyo-hen-kong;* copie.

1 vol. (B. R. — M. C.)

Prince de *Oan-hoa* 完和君 (1868-1880), fils aîné du Roi régnant et d'une concubine.

3587. 仁淑元孃豐 (?) 洪氏墓碑

In syouk ouen pin hpoung (?) *hong si mo pi.* — Stèle funéraire de la Dame *In-syouk-ouen,* née *Hong,* originaire de *Hpoung* (?).

1 rouleau. (B. R.)

Le titre semble incomplet.

3588. 仁明園碑文

In myeng ouen pi moun. — Inscription de la stèle du tombeau *In-myeng.*

2 rouleaux (face et revers). (B. R.)

3589. 鈴原府大夫人墓碑文

Ryeng ouen pou tai pou in mo pi moun. — Inscription de la stèle funéraire de la Princesse de *Ryeng-ouen.*

1 rouleau. (B. R.)

Le titre de Prince de *Ryeng-ouen* a été porté par le père de la Reine *Tjyeng-hyen* 貞顯王后, femme de *Syeng-tjong;* mais la mère de cette Reine était Princesse de *Yen-an* 延安府夫人 et je n'ai pas trouvé de Princesse de *Ryeng-ouen.*

3590. 慶恩府院君神道碑

Kyeng eun pou ouen koun sin to pi. — Stèle sur le chemin du tombeau du Prince de *Kyeng-eun.*

1 vol. (B. R.)

Kim Tjyou-sin 金柱臣, père de la Reine *In-ouen* 仁元王后, troisième femme de *Syouk-tjong.*

3591. 贈領議政忠獻公神 道碑草本

Tjeung ryeng eui tjyeng tchyoung hen kong sin to pi tcho pon. — Stèle sur le chemin du tombeau de *Tchyoung-hen kong,* Grand conseiller; projet de l'inscription.

1 vol. (B. R.)

Pak Tjyoun-ouen 朴準源, père de la Dame *Hyen-mok-you,* du palais *Ka-syoun* 嘉順宮顯穆綏孃, mère de *Syoun-tjo.*

3592. 純祖御製忠獻公神 道碑帖

Syoun tjo e tjyei tchyoung hen kong sin to pi htyep. — Stèle sur le chemin du tombeau de *Tchyoung-hen-kong;* inscription composée par le Roi *Syoun-tjo.*

1 vol. en paravent. (B. R.)

Comparer le numéro précédent.

3593. 哲宗御製永安府院君 神道碑帖

Tchyel tjong e tjyei yeng an pou ouen koun sin to pi htyep. — Stèle sur le chemin du tombeau du Prince de *Yeng-an;* inscription composée par le Roi *Tchyel-tjong.*

1 vol. en paravent. (B. R.)

Kim Tjo-syoun 金祖淳, père de la Reine *Syoun-ouen* 純元王后, femme de *Syoun-tjo.*

3594. 直憲公神道碑帖

Tjik hen kong sin to pi htyep. — Stèle sur le chemin du tombeau de *Tjik-hen-kong.*

1 vol. (B. R.)

Ri Min-to 李敏道, conseiller de *Htai-tjo.*

3595. 嚴興道旌閭碑。墓碣

Em heung to tjyeng rye pi. - *Mo kal.* — Stèle commémorative de la résidence de *Em Heung-to.* - Stèle funéraire.

2 vol. (B. R.)

Comparer n° 1176.

3596. 御製李忠武公碑帖

E tjyei ri tchyoung mou kong pi htyep. — Stèle de *Ri Tchyoung-mou-kong;* inscription composée par le Roi.

1 vol. in-4°. (B. R. — L. O. V.)

1 copie. (M. C.)

Estampage d'une inscription érigée en 1794.

Comparer n° 1186.

3597. 忠武公碑

Tchyoung mou kong pi. — Stèles de *Tchyoung-mou-kong.*

1 vol. (B. R.)

Comparer le numéro précédent.

3598. 潛谷先生碑銘

Tjăm kok syen săing pi myeng. — Inscription de la stèle du lettré *Tjăm-kok.*

1 vol. (B. R.)

Comparer n° 647.

3599. 御製御筆大老祠碑帖

E tjyei e hpil tai ro să pi htyep. — Stèle de la chapelle *Tai-ro;* inscription composée et écrite par le Roi.

1 vol. en paravent. (B. R.)

Chapelle située à *Rye-tjyou* 驪州, fondée en 1785 en l'honneur de *Song Si-ryel* 宋時烈.

3600. 圓嶠帖

Ouen kyo htyep. — Recueil de *Ouen-kyo.*

1 vol. in-4°, en paravent. (L. O. V.)

1. 朝鮮尙州牧使金公光遇之墓淑人安東權氏全州李氏並祔

Tjyo syen syang tjyou mok să kim kong koang ou tji mo syouk in an tong kouen si tjyen tjyou ri si pyeng pou. — Tombeau de *Kim Koang-ou,* sous-préfet de *Syang-tjyou;* avec ses deux femmes nées *Kouen,* de *An-tong,* et *Ri,* de *Tjyen-tjyou.*

Épitaphe par *Ri Koang-să* 李匡師 de *Oan-san* 完山 (1776).

2. 子金光遇生壙有明朝鮮尙古

Tjă kim koang ou săing koang you myeng tjyo syen syang ko. — Inscription non datée composée par *Syang-ko tjă* 尙古子 pour son fils *Kim Koang-ou Săing-koang.*

3601. 韓碑

Han pi. — Stèle de *Han.*

Planches pour la reproduction de l'estampage conservées à *Hăi-tjyou* 海 州; citées par le *Ko să tchoal yo.*

3602. 篆海心鏡

Tjyen hăi sim kyeng. — Dictionnaire des caractères sigillaires.

2 vol. in-folio formant 5 livres. (L. O. V.)

Composé et calligraphié par *Kim Tjin-heung* 金 振 興 de *Syen-san* 善 山. Postfaces de l'année *eul-myo* par *Kim Man-keui* 金 萬 基 et par *Rye Syeng-tjyei* 呂 聖 齊. Les caractères sont dans l'ordre des rimes.

3603. 篆韻

Tjyen oun. — Dictionnaire par rimes des caractères sigillaires.

Par *Sin Ye-tchak* 申 汝 擢; ouvrage cité par le *Tjyen hăi sim kyeng.*

3604. 新刊草彙

Sin kan tcho houi. — Vocabulaire des caractères cursifs.

2 vol. in-4° formant 2 livres et 2 suppléments. (L. O. V.)

Titre avec l'indication École de *Syang-san* 商 山 學 堂. Introduction annotée, datée de *eul-hăi* et signée du pseudonyme *Em-san săing* 弇 山 生. Liste des calligraphes dont l'écriture a servi de modèle. Les 214 clefs en forme carrée et cursive; vocabulaire par ordre de rimes; liste des formes semblables provenant de caractères carrés différents.

3605. 楊浦墨蹟

Yang hpo meuk tjyek. — Fac-similé de l'écriture de *Yang-hpo.*

1 vol. in-4°. (L. O. V.)

Ce calligraphe s'appelait *Tchoi En-tchim*

崔彥沉, surnom *Yang-hpo;* il mourut à 23 ans. Ses œuvres, imprimées en blanc sur noir, sont précédées et suivies de divers éloges reproduits en blanc sur noir (1629-1630); quelques-uns sont dus à des Chinois.

3606. 仁穆王后御筆 ˙

In mok oang hou e hpil. — Fac-similé de l'écriture de la Reine *In-mok.*

1 vol. in-folio. (L. O. V.)

Cette Reine était la seconde femme de *Syen-tjo.* Notice finale composée par le Roi (1652).

3607. 晚香齋草

Man hyang tjăi tcho. — Fac-similé d'écriture cursive de *Man-hyang-tjăi.*

1 vol. in-folio. (L. O. V.)

Impression en blanc sur noir; diverses postfaces non datées reproduites de la même manière.

3608.

Pan kyei syou rok (n° 2110).

13 vol. in-folio formant 26 livres. (C. P.)

3609.

Tong kouk moun hen pi ko (n° 2112).

40 vol. in-folio formant 100 livres. (L. O. V.)

3610. 文獻節要

Moun hen tjyel yo. — Abrégé du *Moun hen pi ko.*

4 vol. in-4°, manuscrit. (Miss. Étr. Séoul.)

Le manuscrit date du règne de *Tjyeng-tjong.*

Comparer n° 2112.

3611. 攷事新書

Ko să sin sye. — Nouvelles notes prises sur les affaires.

7 vol. in-4° formant 15 livres. (L. O. V.)

Par *Sye Myeng-eung* 徐命膺 avec préface de l'auteur (1771). Avertissement. Cet ouvrage, imprimé par les soins de cinq fonctionnaires, est un développement méthodique du *Ko să tchoal yo* (n° 3150 *bis*). Table des matières : Astronomie ; Géographie ; Règnes ; Fonctions ; Population ; Rites ; Rapports avec la Chine et avec le Japon ; Littérature ; Armée ; Agriculture ; Sériciculture et Élevage ; Recettes domestiques ; Médecine.

3612.

(Sans titre.)

1 vol. in-4° manuscrit. (C. P.)

Ce volume contient, en plus de 100 sections, des renseignements commerciaux, administratifs, judiciaires, rituels, etc. ; il a dû être rédigé en 1862 ou en 1863.

3613. 紀年要覽

Keui nyem yo ram. — Recueil de documents.

1 vol. in-4°, manuscrit. (L. O. V.)

Datant de 1878. Liste des Rois depuis les origines ; résumé des règnes de la dynastie actuelle ; listes d'hommes célèbres ; liste des districts avec les anciens noms et les distances à la capitale.

CHAPITRE III.

HISTOIRE DE LA CHINE ET DES PAYS ÉTRANGERS.

3614.

Kouk e (*Koĕ yu*) (n° 2117).

6 vol. in-folio formant 21 sections. (L. O. V.)

Imprimé en caractères mobiles au XVIII° siècle.

3615.

Tjin sye (*Tsin chou*) (n° 2125).

1 vol. in-4°. (L. O. V.)

Fragments de divers livres gravés en Corée (1515, 1523, 1530).

3616. 宋朝史詳節。附元史

Song tjyo să syang tjyel. – *Pou ouen să.* — Abrégé de l'histoire des *Song* et des *Yuen.*

5 vol. grand in-8° formant 10 livres. (L. O. V.)

Impression du XVI° siècle (?).

3617. 歷史

Ryek să. — Histoire des dynasties successives.

10 vol. in-4° formant 41 livres.

Histoire de la Chine depuis *Yao* jusqu'à la fin des *Song.*

3618. 續史略翼箋

Syok să ryak ik tjyen. — Suite à l'abrégé historique expliqué.

6 vol. in-folio.

Histoire des *Ming* par *Kil Tjyou-kyeng* 吉周敬 ; gravé en 1856.

4.

3619. 紀元編

Keui ouen hpyen (KI YUEN PIEN). — Liste des noms de règne.

1 vol. in-4°, manuscrit sur beau papier, formant 2 livres. (L. O. V.)

Notice de l'auteur LOU TCHHENG-JOU 六 承如. Liste des noms de règne chinois, avec un répertoire par ordre de finales. Copie d'un ouvrage publié en 1831-1837.

Cat. de la Bibliothèque nationale, 661.

3620. 闡義昭鑑

Tchyen eui syo kam. — Le Miroir explicatif.

3 vol. in-4°.

Préface de 1755; gravure faite sous les règnes de *Kyeng-tjong* et de *Yeng-tjo*.

Comparer n° 2153.

3621.

Tjeung tjyeng kyo rin tji (n° 1741). — Historique et règlements des relations avec le Japon et autres États voisins, édition augmentée.

2 vol. in-folio formant 6 livres. (L. O. V.)

Préface de *Kim Ken-syou* 金健瑞 (1802).

3622. 世界萬國年契

Syei kyei man kouk nyen kyei. — Tables chronologiques universelles.

1 vol. in-4°. (L. O. V.)

Ouvrage composé pour le Ministère de l'Instruction; imprimé en caractères mobiles sur papier genre européen. Tables chronologiques pour la Corée, la Chine, le Japon et l'Occident, de l'origine du monde à 1893.

3623. 萬國略史

Man kouk ryak să. — Abrégé de l'histoire universelle.

2 vol. gr. in-8° formant 6 sections. (L. O. V.)

Titre en grands caractères; ouvrage rédigé en caractères chinois et *en-moun*, composé et gravé par les soins du Ministère de l'Instruction (1895). Table des matières en tête de chaque volume. Divisions : Considérations générales; Asie; Afrique; Europe; Amérique; Océanie. Auteur : Riu-hou Nonomura 龍峯 野野村. Postface de *Ri Kyeng-sik* 李庚植 (1896).

CHAPITRE IV. — GÉOGRAPHIE.

3624. 道路考

To ro ko. — Itinéraire.

1 vol.

3625.

(Sans titre) (n° 2186).

L'indication donnée par Dallet est au volume II, p. 315. « On m'a donné à traduire une mappemonde anglaise; j'en ai fait deux copies avec des couleurs brillantes; l'une est destinée pour le Roi. En ce moment, je suis occupé à composer, par l'ordre des ministres, un petit abrégé de géographie ». (Lettre du P. André *Kim*). Griffis, p. 455, ne parle pas de cette mappemonde, mais d'une carte de la Corée dressée par André *Kim* et qui se trouverait à la Bibliothèque nationale.

3626.

Htyen ha tjye kouk to. – Ham kyeng hoang hpyeng ryang sye to (n° 2187).

Cf. Korean Repository, vol. I, p. 336 et planche X. — H. Cordier, Description d'un atlas sino-coréen manuscrit du British Museum (1 atlas grand in-folio, Paris, 1896; planches et texte). L'atlas du British Museum porte la cote G 199 (13).

3627. 地球前後圖。黃道南北恒星圖

Ti kou tjyen hou to. – Hoang to nam peuk hăng syeng to. — Mappemonde en deux hémisphères. Carte des deux hémisphères célestes au sud et au nord de l'écliptique.

1 cahier in-folio, 4 cartes. (L. O. V.)

Gravé de nouveau au pavillon *Htai-yen* 泰然齋 (1834).

3628. 統天下全圖

Htong htyen ha tjyen to. — Planisphère.

1 feuille manuscrite coloriée, o m. 46 × o m. 58. (C. P.)

Comprenant l'Europe, l'Asie, l'Afrique.

3629. 地球圖

Ti kou to. — Mappemonde.

1 feuille circulaire, o m. 77 de diamètre: manuscrite et coloriée. (C. P.)

Cette mappemonde indique l'Amérique, la Nouvelle-Hollande.

3630. 五洲各國統屬全圖

O tjyou kak kouk htong tchyok tjyen to. — Mappemonde comprenant les cinq parties du monde, avec la division en États.

1 feuille imprimée et coloriée, o m. 75 × o m. 6o. (C. P.)

Gravée de nouveau pour le Ministère de l'Instruction (1896). Légende (1892) par *Li* Timothée (Rév. T. Richard, de la Society for the diffusion of christian and general knowledge).

3631. 輿地圖

Ye ti to. — Atlas.

1 vol. grand in-8°, manuscrit, colorié, d'exécution soignée. (C. P.)

Cartes du monde, de la Chine, de la Corée, de Séoul, des huit provinces. Postérieur à 1644.

3632. 輿地便考

Ye ti pyen ko. — Atlas.

1 vol. grand in-8° renfermant 10 cartes pliées o m. 55 × o m. 35. (L. O. V.)

Cartes du monde, de la Chine et des huit provinces de la Corée, avec légendes (XVIᵉ ou XVIIᵉ siècle).

3633.

(Sans titre.)

1 vol. in-folio renfermant 13 cartes. (L. O. V.)

Cartes de la Corée, des huit provinces, du monde, de la Chine, du Japon, des îles *Lieou-khieou* (XVIᵉ ou XVIIᵉ siècle).

3634. 輿地要覽

Ye ti yo ram. — Atlas de la Chine et de la Mantchourie.

2 vol. grand in-8°, manuscrit, colorié, très soigné. (C. P.)

Carte générale de l'Empire Chinois; cartes des provinces et des préfectures; manquent le *Hou-koang*, le *Fou-kien* et le *Kiang-si* (première moitié du XVIIIe siècle).

3635.

Tai tong ye ti to (n° 2196).

La carte de Quelpaërt a été reproduite aussi dans La Corée ou Chöson (la terre du calme matinal), par le colonel Chaillé-Long bey, 1 vol. in-4°, Rouen, 1893 (extrait du Bulletin de la Société normande de géographie), et dans La Corée ou Tchösen, par le même (Annales du Musée Guimet, 1 vol. in-4°, Paris, 1894).

3636.

(Sans titre) (n° 2204).

Voir Du Halde, Description géographique, historique, chronologique, politique et physique de l'Empire de la Chine, La Haye, 1736 (t. I, Préface, p. LVI, et t. IV, p. 530).

3637. 東輿地圖

Tong ye ti to. — Carte de la Corée.

Publiée par le Ministère de l'Instruction (cf. n° 3248).

3638.

Han yang tjyen to (n° 2207).

Ce plan a été reproduit dans Voyage en Corée, par M. Charles Varat (Le Tour du Monde, 1892, livraison 1635, p. 312).

3639. 西北關防圖

Sye peuk koan pang to. — Carte des provinces frontières du nord et de l'ouest.

1 vol. grand in-8°, renfermant une carte pliée (1 m. 10 × 1 m. 10), manuscrite et coloriée, d'exécution soignée. (L. O. V.)

3640. 摩尼山

Ma ni san. — La montagne *Ma-ni.*

1 vol. in-4° contenant 1 feuille manuscrite pliée (1 m. 10 × 1 m. 05). (L. O. V.)

Plan de *Kang-hoa* 江華.

3641. 新增東國輿地勝覽

Sin tjeung tong kouk ye ti seung ram (n° 2228, II).

I. 25 vol. in-folio. (C. P.)

Préface de *Sye Ke-tjyeng* 徐居正 (1481); préface de *Ri Hăing* 李荇 (1530) pour la réédition. Dédicaces de présentation de *Ro Să-sin* 盧思愼 (1481) et de *Ri Hăing* (1530). Liste de la commission de rédaction de chaque édition; table des 55 livres; cartes. A la fin, postfaces de *Hong En-hpil* 洪彦弼 (1531), de *Im Să-hong* 任士洪 (1499), de *Kim Tjong-tjik* 金宗直.

II. 18 vol. in-folio manuscrit. (L. O. V.)

Copie sans préfaces, postfaces ni cartes.

Cf. comme répertoires des noms géographiques coréens :

1° Dictionnaire coréen-français par les Missionnaires de la Société des Missions Étrangères, 1 vol. grand in-8°, Yokohama, 1880 (partie géographique).

2° A manual of Korean geographical and other proper names romanized (par Sir E. Satow?), 1 vol. grand in-8°, Yokohama, 1883.

3° Nomi geografici coreani, par Lodovico Nocentini (extrait du Giornale della Società asiatica italiana, vol. XII).

Pour les produits des divers districts, cf. Prodotti coreani par Lodovico Nocentini (extrait du même périodique, vol. XIII).

3642. 輿地圖書

Ye ti to sye. — Géographie.

55 vol. in-4°, manuscrit.

Cet ouvrage, que l'on n'a pu examiner en détail, est analogue au précédent. Toutefois on affirmait qu'il comprend 60 vol.; une carte du 2° vol. porte la date de 1760; ce serait peut-être une refonte du 2228, II.

3643. 朝鮮地誌

Tjyo syen ti tji. — Géographie de la Corée.

1 vol. grand in-8°. (L. O. V.)

Titre en grands caractères; ouvrage composé et gravé pour le Ministère de l'Instruction (1895). Carte de Corée. Texte en caractères chinois mélangés de *en-moun.*

3644. 勤政殿圖

Keun tjyeng tyen to. — Plan de la salle royale *Keun-tjyeng.*

1 feuille manuscrite, o m. 46 × o m. 38. (C. P.)

Cette salle est la principale du palais *Kyeng-pok* 景福宮.

3645. 通文舘重修上梁文

Htong moun koan tjyoung syou syang ryang moun. — Composition pour la pose de la maîtresse poutre lors de la reconstruction de la Cour des Interprètes.

1 vol. in-folio très étroit, en paravent; fac-similé d'autographe en blanc sur noir. (L. O. V.)

Sans date, incomplet.

3646. 中京誌

Tjyoung kyeng tji. — Notice sur la ville de *Kăi-syeng* 開城.

6 vol. in-4° formant 12 livres. (L. O. V.)

Description historique, physique, administrative, archéologique, etc., avec deux cartes. Préface de *Kim Youk* 金堉 (1708) et postfaces de *Ri Ton* 李墪 (1700), de *Em Tjeup* 嚴緝 (1705) pour l'ancienne édition. Préfaces et postfaces des éditions de 1757, 1764, 1770, 1783-1785, 1802, 1855; postface de *Tjyo Kyeng-ha* 趙敬夏 (1881).

Comparer n° 2275.

3647. 松都續誌

Syong to syok tji. — Suite à la Notice sur *Syong-to.*

2 vol. formant 6 livres.

Comparer n° 2275.

3648. 富平府邑誌

Pou hpyeng pou eup tji. — Notice du district de *Pou-hpyeng.*

1 vol. in-folio, manuscrit, avec une carte coloriée. (L. O. V.)

Postérieur au règne de *Yeng-tjo.*

3649. 誠求錄

Syeng kou rok. — Notices géographiques.

1 vol. in-folio, manuscrit, avec des cartes. (L. O. V.)

Relatives à *Yang-tjyou* 楊州, *Ka-hpyeng* 加平, etc.; copiées en l'année *tyeng-să.*

3650. 嶺南邑誌

Ryeng nam eup tji. — Notices géographiques des districts du *Kyeng-syang*.

Ouvrage cité par le *Hăi tong syeng tjyek tji*.

3651. 嶺營捴錄

Ryeng yeng tchong rok. — Géographie administrative du *Kyeng-syang*.

1 vol, gr. in-8°, manuscrit soigné. (L. O. V.)

Daté de l'année *sin-you*.

3652. 嶺南志。左右道

Ryeng nam tji. — Tja ou to. — Notices géographiques du *Kyeng-syang*, sections orientale et occidentale.

54 vol. in-4°, manuscrits, les uns avec cartes, les autres sans cartes. (L. O. V.)

Ces notices, d'écriture et de développement divers, sont toutes rédigées sur un plan analogue; elles paraissent postérieures à 1750 et antérieures à 1830; elles proviennent vraisemblablement d'archives provinciales. Relatives aux districts suivants :

SECTION ORIENTALE.

1. *En-yang* 彦陽.
2. *Eung-tjyou* 應州.
3. *Ham-an* 咸安.
4. *Heung-hăi* 興海.
5. *Hpoung-keui* 豐基.
6. *In-tong* 仁同.
7. *Keui-tjyang* 機張.
8. *Mil-yang* 密陽.
9. *Nyeng-hăi* 寧海.
10. *Oul-san* 蔚山.
11. *Pong-hoa* 奉化.
12. *Ryang-san* 梁山.
13. *Ryei-an* 禮安.
14. *Ryei-tchyen* 醴川.
15. *Syoun-heung* 順興.
16. *Tai-kou* 大邱.
17. *Tchil-kok* 漆谷.
18. *Tchyeng-ha* 清河.
19. *Tchyeng-syong* 青松.
20. *Tchyeng-to* 清道.
21. *Tjă-in* 慈仁.
22. *Tjyang-ki* 長鬐.
23. *Yen-il* 延日.
24. *Yeng-tchyen* 榮川.
25. *Yeng-tchyen* 永川.
26. *Yeng-tek* 盈德.

SECTION OCCIDENTALE.

27. *An-eui* 安義.
28. *Eui-nyeng* 宜寧.
29. *Ha-tong* 河東.
30. *Hăm-tchyang* 咸昌.
31. *Ham-yang* 咸陽.
32. *Hyep-tchyen* 陜川.
33. *Kăi-nyeng* 開寧.
34. *Ke-tchyang* 居昌.
35. *Ke-tjyei* 巨濟.
36. *Kim-hăi* 金海.
37. *Kim-san* 金山.
38. *Ko-ryeng* 高靈.
39. *Ko-syeng* 固城.
40. *Kon-yang* 昆陽.
41. *Moun-kyeng* 聞慶.
42. *Nam-hăi* 南海.
43. *Oung-tchyen* 熊川.
44. *Sam-ka* 三嘉.
45. *San-tchyeng* 山清.
46. *Să-tchyen* 泗川.
47. *Syang-tjyou* 尙州.
48. *Syeng-tjyou* 星州.
49. *Tan-syeng* 丹城.
50. *Tchil-ouen* 漆原.
51. *Tcho-kyei* 草溪.
52. *Tchyang-ouen* 昌原.
53. *Tji-ryei* 知禮.
54. *Tjin-hăi* 鎭海.

3653. 大丘府邑誌

Tai kou pou eup tji. — Notice de la préfecture de *Tai-kou*.

1 vol. in-folio, manuscrit soigné avec une carte coloriée. (L. O. V.)

Rédigé vers 1831 (?).

3654.

Tong kyeng tjap keui (n° 2292).

3 vol. in-folio formant 3 livres. (L. O. V.)

Cet exemplaire renferme une préface de *Syeng Ouen-meuk* 成原默, originaire de *Tchyang-nyeng* 昌寧, préfet de *Kyeng-tjyou* 慶州, pour la réimpression faite par son ordre (1725 ou 1785).

3655. 春川府邑誌

Tchyoun tchyen pou eup tji. — Notice de la préfecture de *Tchyoun-tchyen*.

1 vol. in-4° formant 2 livres, manuscrit. (L. O. V.)

Postérieur à 1764.

3656. 湖南邑誌

Ho nam eup tji. — Notices géographiques du *Tjyen-ra*.

Cité par le *Hăi tong syeng tjyek tji*.

3657. 錦山郡邑誌

Keum san koun eup tji. — Notice du district de *Keum-san*.

1 vol. grand in-8°, manuscrit. (L. O. V.)

3658. 光州牧誌

Koang tjyou mok tji. — Notice de la sous-préfecture de *Koang-tjyou*.

1 vol. in-4°, manuscrit, avec une carte coloriée. (L. O. V.)

Postérieur au règne de *In-tjo*.

3659. 茂朱府誌

Mou tjyou pou tji. — Notice de la préfecture de *Mou-tjyou*.

1 vol. grand in-8°, manuscrit. (L. O. V.)

Postérieur au règne de *Syouk-tjong*.

3660. 昇平志

Seung hpyeng tji. — Notice de *Seung-hpyeng* (*Syoun-htyen* 順天).

1 vol. in-4° formant 2 livres, manuscrit. (L. O. V.)

Par *Ri Syou-koang* 李睟光, surnom *Tji-pong* 芝峯, préfet de la ville; postface du même (1618).

3661.

Hpyeng yang tji (n° 2302). — Notice géographique de *Hpyeng-yang*.

5 vol. in-folio formant 8 + 2 + 5 livres. (L. O. V.)

Comprenant :

1° L'ouvrage primitif avec préface de *Youn Tou-syou* 尹斗壽, Prince de *Hăi-ouen* 海原 (1590). Liste des ouvrages consultés.

2° Supplément gravé à *Hpyeng-yang* (1855).

3° Supplément avec préface par *Song In-myeng* 宋寅明, de *Ho-san* 壼山 (1850); gravé de nouveau à *Hpyeng-yang* (1897).

3662. 咸山誌通紀

Ham san tji htong keui. — Géographie de *Ham-san* (*Ham-heung* 咸興).

3 vol. in-folio, manuscrit, formant 6 livres. (L. O. V.)

Ouvrage postérieur au règne de *Yeng-tjo*. Préface de *Pak Yeng-ouen* 朴永元. Avertissement; avertissement de la première édition en 4 livres.

Comparer n° 2307.

3663.

Peuk to reung tyen tji (n° 2308).

3 vol. in-folio formant 8 livres. (L. O. V.)

Préface royale transcrite par *Oui Tchyang-tjo* 魏昌祖 (1757). Règlement des gardes des Tombeaux et Salles royales. Compositions et poésies royales. Notices historiques et descriptives. Stèles, etc. A la fin de l'ouvrage, dans un cartouche : gravé à *Ham-heung* 咸興 (1758).

3664. 地球典要

Ti kou tyen yo. — Principes de cosmographie et de géographie.

Par *Tchoi Syang-sya* 崔上舍, surnom *Han-keui* 漢綺; cité par le *Ouen to ko.*

3665.

Să min hpil tji (n° 2313).

1 vol. grand in-8° formant 2 livres. (L. O. V.)

Traduction en caractères chinois et *en-moun* publiée par le Ministère de l'Instruction. Préface de *Kim Tchăik-yeng* 金澤榮 (1895). Pas de cartes. La traduction est due à *Păik Nam-kyou* 白南奎, surnom *Song-syou* 宋瑞, et à *Ri Myeng-syang* 李明翔, surnom *Kyeng-syo* 景霄.

3666. 小學萬國地誌

Syo hak man kouk ti tji. — Géographie générale pour les écoles.

1 vol. gr. in-8° formant 6 sections. (L. O. V.)

Titre en grands caractères : ouvrage composé et gravé pour le Ministère de l'Instruction (1895). Préface par le Ministre de l'Instruction, *Ri Oan-yong* 李完用 (1895). Texte en caractères chinois et *en-moun*.

3667.

Ti kou yak ron. — Primary geography.

1 vol. in-8°, 21 feuillets.

Par Mrs. M. H. Gifford; publication de la Mission américaine.

3668. 地璆略論

Ti kou ryak ron. — Abrégé de géographie générale.

1 vol. in-4°. (L. O. V.)

Publication non signée ni datée du Ministère de l'Instruction; texte en caractères chinois et *en-moun*.

3669. 輿載撮要

Ye tjăi tchoal yo. — Principes de géographie.

1 vol. grand in-8°. (L. O. V.)

Publication non datée du Ministère de l'Instruction. Description abrégée des parties du monde et plus détaillée de la Corée : mappemonde, cartes de la Corée et des provinces. Avertissement relatif à l'organisation des divers États.

3670. 輿圖要覽

Ye to yo ram. — Géographie.

2 vol. gr. in-8°, manuscrit soigné. (L. O. V.)

1er vol. : géographie de la Mantchourie avec carte coloriée; la dernière date dont j'aie trouvé mention, est l'an 1734.

2e vol. : géographie du Japon datée de 1747.

LIVRE VII. — SCIENCES ET ARTS.

CHAPITRE PREMIER. — MATHÉMATIQUES.

3671. 三政圖説

Sam tjyeng to syel. — Problèmes relatifs au calcul de l'impôt.

1 vol. in-4°. (L. O. V.)

Figures et explications; rapport officiel avec rescrit royal (1884).

3672. 簡易四則問題集

Kan i să tjeuk moun tyei tjip. — Les quatre règles de l'arithmétique.

1 vol. petit in-8°. (L. O. V.)

Titre en grands caractères sur la couverture, répété en faux-titre sur papier rose;

au verso, table des matières. Texte en chinois et *en-moun*, composé pour le Ministère de l'Instruction; imprimé au moyen de types mobiles (1895).

3673. 近易算術書

Keun i san syoul sye. — Cours d'arithmétique.

2 vol. petit in-8° formant 2 livres (5 sections). (L. O. V.)

Titre en grands caractères sur la couverture, répété en faux-titre sur papier rose; table des matières en tête de chaque volume. Texte en chinois, *en-moun* et chiffres arabes, composé pour le Ministère de l'Instruction; imprimé en types mobiles (1895).

CHAPITRE II. — ASTRONOMIE ET COSMOGRAPHIE.

3674.

Htyen syang ryel tchă poun ya tji to (n° 2366).

1 rouleau, 1 m. 38 sur 0 m. 46.

Bibl. nat., nouveau fonds chinois, 3470.

3675. 新法地平日晷

Sin pep ti hpyeng il koui. — Nouveau cadran solaire.

1 rouleau, 1 m. 55 sur 0 m. 55. (L. O. V. — M. C.)

Estampage en blanc, avec traits repassés à l'encre, d'une pierre gravée qui se trouve au Bureau d'Astrologie à Séoul. Portant les

indications : établi par Giacomo Rho, *Lo Yᴀ-ᴋᴏᴜ* 羅雅谷 et Adam Schall, *Tꜰᴀɴɢ Jo-oᴀɴɢ* 湯若望, sous la direction de *Lɪ Tꜰɪᴇɴ-ᴋɪɴɢ* 李天經, en 1636, le soleil étant dans le signe *Lɪᴇᴏᴜ* 柳 (Hydre). Cette pierre est donc copiée sur un original de Péking.

3676. 簡平日晷。渾蓋日晷

Kan hpyeng il koui. — *Hon kai il koui.* — Cadran solaire.

1 rouleau, 0 m. 50 sur 1 m. 25. (L. O. V. — M. C.)

Estampage d'une pierre gravée du Bureau d'Astrologie à Séoul, datée de 1785 et indiquant la latitude de la ville : 37° 39′ 15″.

3677.

Kyou il ko sye (n° 2346).

1 vol. grand in-8° avec figures. (L. O. V.)

Auteur : *Ri Syang-hyek* 李 尙 爀 de *Hyep-tchyen* 陜 川. .

3678. 渾 天 全 圖

Hon htyen tjyen to. — Planisphère céleste.

1 vol. grand in-8° renfermant 1 feuille pliée

de 1 mètre sur o m. 60, imprimée, coloriée à la main. (L. O. V.)

Hémisphère septentrional et région de l'écliptique; nombreuses légendes, sans date.

3679. 星 辰 圖

Syeng sin to. — Planisphère céleste.

1 feuille circulaire de o m. 69 de diamètre; manuscrit en couleurs. (C. P.)

Hémisphère nord; sans date.

CHAPITRE III. — DIVINATION.

3680. 昏 中 星 圖

Hon tjyoung syeng to. — Rose des vents pour les géoscopes.

1 feuille circulaire, o m. 29 de diamètre; manuscrit en noir et rouge. (C. P.)

3681. 女 筮 諺 籤

Nye sye en tchyem. — Formules en langue vulgaire pour les sorcières.

1 vol. in-4°. (L. O. V.)

Belle impression.

3682. 人 相 水 鏡 集 全 編

In syang syou kyeng tjip tjyen hpyen (*JEN SIANG CHOEI KING TSI TSHIUEN PIEN*). — Collection de traités de physiognomonie et de géoscopie.

4 vol. in-4° formant 4 livres; manuscrit, écriture soignée. (L. O. V.)

Titre en grands caractères, imité d'une édition imprimée à la salle *KIN-SIANG* 金 相 堂. L'ouvrage a été compilé et imprimé

par *YEOU-KOA TAO-JEN* 右 髻 道 人 de *TCHE-SI* 浙 西. Préface de *FAN LAÏ* 范 騋 (1680).

1. 水 鏡 集 約 篇

Syou kyeng tjip yak hpyen (*CHOEI KING TSI YO PHIEN*). — Abrégé du *CHOEI KING TSI*.

2 livres.

Par *YEOU-KOA*. Texte; figures et légendes. Préface de l'ouvrage original par *HOANG TSONG-HI* 黃 宗 羲 de *YAO-KIANG* 姚 江.

2. 相 論

Syang ron (*SIANG LOEN*). — Dissertations sur la physiognomonie.

1 livre composé d'extraits divers.

3. 永 樂 百 問

Yeng rak păik moun (*YONG LO PO OEN*). — Cent questions de l'empereur *YONG-LO*.

1 livre.

4. 察相論

Tchal syang ron (TCHHA SIANG LOEN).
— Dissertation sur la physiognomonie.

1 feuillet et demi d'une écriture différente.

3683.

Syoul mong soa en (CHOU MONG SO YEN) (n° 2422).

1 vol. in-4°. (L. O. V.)

3684. 周公解夢書

Tyou (Tjyou) kong hăi (kăi) mong sye. — Explication des songes.

1 vol. in-folio. (L. O. V.)

Texte en en-moun; explications d'après les principes de l'astrologie et de la géoscopie.

3685.

Tjïk syeng hăing nyen pyen ram (n° 2425).

Au sujet de cet ouvrage, M. Henri Chevalier a fait diverses communications :

1° Congrès des Sociétés savantes de Paris et des départements, section de géographie historique et descriptive, séance du 27 mars 1894, voir Journal officiel, 29 mars 1894, p. 1447.

2° Société académique indo-chinoise de France, séance du 30 avril 1894.

3° Association française pour l'avancement des sciences, voir compte rendu de la 23° section, 1re partie, p. 286; Paris, 1894 (séance du 10 août 1894).

4° Académie des Inscriptions et Belles-lettres, séance du 12 juillet 1895, voir Journal officiel, 19 juillet 1895.

5° Voir T'oung pao, vol. VI, p. 508; 1895.

Cf. aussi Guide pour rendre propice l'étoile qui garde chaque homme, etc., traduit par Hong-Tjyong-Ou et Henri Chevalier (Annales du Musée Guimet, t. XXVI, 2e partie, Paris, 1897).

CHAPITRE IV. — ART MILITAIRE.

3686. 武經總要行軍須知

Mou kyeng tchong yo hăing koun syou tjï (OOU KING TSONG YAO HING KIUN SIU TCHI). — Préceptes d'art militaire.

1 vol. in-folio formant 2 livres; belle impression. (L. O. V.)

Ouvrage composé vers 1230 par CHEN HEOU 沈俁, surnom KING-YUEN 景淵, de KIA-HOO 嘉禾; postface de TCHAO HIEOU-KOE 趙休國 (1231). Réédité par LI TING 李鼎, surnom TCHANG-KHING 長卿, de YU-TCHANG 豫章, avec préface de LI TSIN PING-TCHONG 李進秉忠 (1439). Autre réédition avec postface de TCHENG OEI-THING 鄭魏挺 (1599). L'édition coréenne n'est pas datée.

3687.

Tong kouk pyeng kam (n° 2439).

2 vol. in-folio.

Sur les expéditions qui ont eu lieu en Corée de 108 a. C. à 1392.

3688.

Keui hyo sin sye (KI HIAO SIN CHOU) (n° 2455).

5 vol. grand in-8°. (L. O. V.)

Préface de OANG CHI-TCHENG; préface de l'auteur TSII KI-KOANG. Incomplet des livres 13 à 18.

3689. 武藝諸譜

Mou yei tjye po. — Sur les divers exercices militaires.

1 vol. in-folio. (L. O. V.)

Texte en chinois et en coréen (caractères chinois et *en-moun*), avec figures. A la fin, dédicace de présentation (1598) de *Han Kyo* 韓嶠, auteur de la traduction coréenne.

3690.

E tyeng mou yei to po htong tji (n° 2467).

4 vol. in-4° formant 4 livres. (L. O. V.)

3691.

Mou yei to po htong tji en kăi (n° 2472).

1 vol. in-4°. (L. O. V.)

Texte en caractères chinois et *en-moun*.

3692. 兵略纂聞

Pyeng ryak tchan moun. — Abrégé militaire.

Par *Kou Ye-tjik* 瞿汝稷; cité par le *Mou yei to po htong tji*.

3693. 內家拳法

Năi ka kouen pep. — Exercice domestique de la boxe.

Par *Hoang Păik-ka* 黃百家; cité par le *Mou yei to po htong tji*.

3694. 蹴踘譜

Tchyouk kouk po. — Jeu de ballon (foot-ball).

Ouvrage de *Oang Oun-tjyeng* 汪雲程; cité par le *Mou yei to po htong tji*.

3695.

Min po tjeup syel (n° 2476). — Traité sur la défense militaire du peuple par lui-même.

1 vol. in-4°. (L. O. V.)

Titre en grands caractères.

CHAPITRE V. — MÉDECINE.

3696.

Tong eui po kam (n° 2517).

8 vol. reliure européenne.

Bibl. nat., nouveau fonds chinois, 792.

3697.

Tjyei tjyoung sin hpyen (n° 2532).

4 vol. in-folio. (L. O. V.)

Dans la notice n° 2532, il faut lire : 4° et 5° maladies; 6° maladies des femmes;

7° maladies des enfants; 8° chant sur la vertu spécifique des remèdes.

3698. 名醫別錄

Myeng eui pyel rok. — Traité des médecins célèbres.

Par *To Hong-kyeng* 陶弘景; cité par le *Mou yei to po htong tji*.

3699. 圖經本艸

To kyeng pon tcho. — Traité illustré des simples, d'après les livres canoniques.

Ouvrage de *So Yong* 蘇頌 ; cité par le *Mou yei to po htong tji*.

3700. 本艸拾遺

Pon tcho seup you. — Supplément au *Pon tcho*.

Par *Tjin Tjang-keui* 陳藏器 ; cité par le *Mou yei to po htong tji*.

3701.

Ma kyeng en kăi (n° 2550).

2 vol. in-folio. (L. O. V.)

Exemplaire imprimé.

CHAPITRE VI. — AGRICULTURE ET SÉRICICULTURE.

3702. 農談

Nong tam. — Causeries sur l'agriculture.

1 vol. in-4°. (L. O. V.)

Par *Ri Tjyong-ouen* 李淙遠, surnom *Syou-ye* 隨如. Préfaces par *Ri Heui-tek* 李 熙愿, surnom *You-tjăi* 維齋 (1894), et par *Ryou Kyeng-tjyong* 劉敬鍾, surnom *I-tjăi* 伊齋 (1894); postface de *Youn Htai-yen* 尹泰然 (1894).

CHAPITRE VIII. — DESSIN, ORNEMENTATION, INDUSTRIES, ETC.

3703.

Tyei oang you syang (n° 2575).

C'est d'après cet ouvrage que M. Henri Chevalier semble avoir préparé sa conférence : Les anciennes coiffures chinoises d'après un ms. coréen du Musée Guimet (*Internationales Archiv für Ethnographie*, Bd xi, 1898; 1 cahier in-folio, avec figures en couleurs).

3704. 麟閣圖像

Rin kak to syang. — Portraits d'hommes célèbres.

1 vol. in-folio. (C. P.)

Peintures du xviii° siècle; le titre fait allusion au *Khi lin ko* 麒麟閣 de la dynastie des *Han*.

3705. 忠愍公像帖

Tchyoung min kong syang htyep. — Portrait de *Tchyoung-min-kong*.

1 vol. (B. R.)

Probablement *Rim Kyeng-ep* 林慶業.

3706. 海東仙山圖

Hăi tong syen san to. — Paysages du *Keum-kang-san* 金剛山.

1 vol. in-4°. (C. P.)

Neuf peintures du xvii° siècle, avec légendes, attribuées à *Keum-kai*.

3707.

Sin tjyen tjye syo pang (n° 2583).

1 vol. in-folio. (L. O. V.)

Exemplaire d'une belle impression.

LIVRE VIII. — RELIGIONS.

CHAPITRE PREMIER. — TAOÏSME.

3708. 重刊太上靈寶感應篇詳解

Tjyoung kan htai syang ryeng po kam eung hpyen syang kăi (*Tchhong khan thai chang ling pao kan ying phien siang kiai*). — Le livre des récompenses et des peines avec explications, nouvelle édition.

1 vol. petit in-8°, livre Ⅰᵉʳ seul, l'ouvrage comprend 8 livres. (L. O. V.)

Édition de *Li Tchhang-ling* 李昌齡, avec préface de *Hoang Ji-tchang* 黃日璋 (1203). Ancienne réimpression coréenne non datée.

Comparer n° 2590.

3709. 關聖帝君聖蹟圖誌全集

Koan syeng tyei koun syeng tjyek to tji tjyen tjip (*Koan cheng ti kiun cheng tsi thou tchi tshiuen tsi*). — Histoire et images du Dieu de la Guerre.

5 vol. in-4° formant 5 livres, belle impression. (L. O. V.)

Titre en grands caractères, gravé à la salle *Hyen-syeng* 顯聖殿; préface pour la présente édition par *Pak Kyou-syou* 朴珪壽; postface par *Kim Tchyang-heui* 金昌熙 de *Kyeng-tjyou* 慶州 (1876). L'ouvrage a été préparé par *Lou Siun-chen* 盧濬深 de *Thao-yuen* 桃源, et imprimé sous la direction de *Yu Tchueng-long* 于成龍, surnom *Tchen-kia* 振甲, originaire de *Siv-*

han 三韓 (1693). Préfaces de la première édition (1692 à 1694). Préfaces par *Li Ya-kiu* 李鴨舉 de *Tien* 滇 (1753) et par *Lan Ti-si* 蘭第錫 de *Ki-tcheou* 吉州 (1797).

Table générale : figures, histoire du dieu, monuments, culte, œuvres littéraires, etc. Liste des ouvrages consultés; liste des personnages qui ont collaboré à la préparation et à l'impression de l'ouvrage. Table des matières en tête de chaque livre.

Comparer n° 2598 *bis*.

3710. 關聖帝君寶訓像註

Koan syeng tyei koun po houn syang tjou (*Koan cheng ti kiun pao hiun siang tchou*). — Préceptes illustrés du Dieu de la Guerre.

4 vol. grand in-8° formant 4 livres, belle impression. (L. O. V.)

Titre en grands caractères gravé à la salle *Hyen-syeng* comme le précédent (1882). Traité moral formé de préceptes avec anecdotes à l'appui, attribué au Dieu de la Guerre. Décret du dieu. Préfaces de 1731, de 1794; postface par *Tchi-khoei* 志魁 de *Ki-fong* 繼峯 (1850).

3711. 關聖帝君應驗明聖經

Koan syeng tyei koun eung em myeng syeng kyeng (*Koan cheng ti kiun ying yen ming cheng king*). — Livre sacré des miracles du Dieu de la Guerre.

1 vol. in-4°. (L. O. V.)

Titre en grands caractères, gravé à la salle *Rak-hoa* 樂華堂 (1886). Histoire du dieu et de son culte, avec préface de 1820; préface par *Choen-yang-tseu* 純陽子 (1846); notice finale par *Tshoei Ping-sien* 崔秉鉷 (1855), suivie d'une figure avec légende et d'une postface de *Siu Lan-khiong* 徐蘭瓊. Texte chinois, transcription et traduction en *en-moun*.

3712. 海東聖蹟誌

Häi tong syeng tjyek tji. — Histoire du culte du Dieu de la Guerre en Corée.

1 vol. in-4° formant 2 livres. (L. O. V.)

Titre en grands caractères, ouvrage gravé en 1876. Liste des ouvrages consultés. Historique du culte, détail des cérémonies, plan des temples, inscriptions. Plusieurs figures.

3713. 關聖帝君聖蹟圖誌續集

Koan syeng tyei koun syeng tjyek to tji syok tjip (KOAN CHENG TI KIUN CHENG TSI THOU TCHI SIU TSI). — Histoire et images du Dieu de la Guerre, second recueil.

3 vol. in-4° formant 4 livres, belle impression. (L. O. V.)

Titre en grands caractères, gravé à la salle *Hyen-syeng* 顯聖殿 (1876). Deux préfaces de *Ting Ho-kieou* 丁鶴九, nom religieux *Tshing-hiu* 清虛, nom littéraire *Po-lien* 白蓮 (1876); préface de *Choen-yang-tseu* 純陽子 (1876); postface de *Lieou Yun* 劉雲, surnom *Sieou-khing* 岫卿, originaire de *Ming-tcheou* 溟洲 (1876). Liste des ouvrages consultés. Texte avec tableaux et figures.

Cf. n° 2605, 6° livre, 15°.

3714. 關聖帝君五倫經

Koan syeng tyei koun o ryoun kyeng. — Livre sacré des Cinq Relations sociales par le Dieu de la Guerre.

1 vol. petit in-8°. (L. O. V.)

Titre en grands caractères, gravé à la salle *Mou-pon* 務本堂 (1884). Texte chinois suivi d'une traduction en *en-moun*.

3715.

Kyei koung tji (n° 2601).

Ajouter à la notice :

9° livre : LES FLEURS CÉLESTES, *htyen yeng hpyen* 天英編, sous-titre *yei ouen ham* 藝垣函; contenant des pièces de divers auteurs relatives au dieu et à son culte : 1° lettres, 2° rapports, 3° préfaces, 4° notices, 5° traités, 6° odes, 7° pièces en prose rythmée, 8° éloges, 9° postfaces.

A la fin, postface du Dieu de la Guerre; postface par *Lieou Yun* 劉雲 de *Ming-tcheou* 溟洲 (1877).

3716. 玉勅解義

Ok tchik käi eui. — Décrets du Dieu de la Guerre avec explication.

I. — 1 vol. grand in-8°. (L. O. V.)

Préface de *Youn Htai-tjyoun* 尹泰駿, rappelant que ces décrets relatifs à la morale ont été publiés pendant les années *Hien-fong* (1851-1861).

Une feuille portant au recto et au verso six (4 + 2) grands caractères d'écriture ancienne. Texte des huit décrets en caractères sigillaires et en caractères ordinaires. Toute cette partie est imprimée en rouge.

Texte des décrets avec explication (en noir).

II. — 1 vol. grand in-8°. (L. O. V.)

Même ouvrage, comprenant en outre :

1° onze préfaces en caractères de styles différents, attribuées à l'empereur *Choen*, à *Oen-oang*, à Confucius et autres personnages célèbres; 2° quatre postfaces en caractères cursifs.

3717. 三聖忠孝經

Sam syeng tchyoung hyo kyeng. — Livre sacré de la fidélité au souverain et de la piété filiale, révélé par les trois dieux.

1 vol. grand in-8°. (L. O. V.)

Neuf préfaces sans signatures ni dates. Texte en six articles. Quatre postfaces.

3718. 戒殺放生文

Kyei sal pang săing moun (*Kiai cha fang cheng oen*). — Traité interdisant de tuer les animaux et recommandant de les délivrer pour les faire vivre.

1 vol. grand in-8°. (L. O. V.)

Par *Tchou-hong* 袾宏, surnom *Yun-si* 雲棲, de *Hang* 杭. Préface de *Kou Yun-hong Hoo-nan* 雇雲鴻和南 (1845?). Gravé de nouveau en 1892.

3719. 太上玄靈北斗本命延生眞經

Htai syang hyen ryeng peuk tou pon myeng yen săing tjin kyeng. — Véritable livre sacré de la longévité par l'intervention de la Grande Ourse.

I. — 1 vol. grand in-8°, belle impression. (L. O. V.)

Deux gravures; prière. Texte du livre sacré mélangé de litanies et d'hymnes. A la fin, formules de prières en *en-moun;* caractères servant de talisman avec explications. Liste de fêtes; formules en chinois et en sanscrit. Postface de *Hăi-oun Htyen-ryang* 海雲天兩 (1864). Impression de la bonzerie *Pong-eun*, dans la montagne *Syou-to* à *Koang-tjyou* 廣州修道山奉恩寺 (1864).

II. — 1 vol. grand in-8°. (L. O. V.)

Édition différente.

3720.

Kyeng sin rok. — En kăi (n°⁵ 2618, II; 2619, II).

2 vol. in-4° formant 2 + 1 livres. (L. O. V.)

3721. 觀道顯若錄

Koan to ong yak rok. — Poésies et décrets du Dieu de la Guerre et d'autres divinités.

1 vol. petit in-8°. (L. O. V.)

Préface écrite par le lettré *Sye* 徐 sous une inspiration divine (1882).

3722. 救濟寶訣

Kou tjyei po kyel. — Talismans.

1 vol. in-folio, imprimé en rouge. (L. O. V.)

Recueil de monogrammes avec explications. Notice finale de *Kim Tchyang-syouk* 金昌俶, *Pak Tjăi-kem* 朴在儉 et *An Ok-hoa* 安玉華 (1890).

CHAPITRE II. — BOUDDISME.

3723. 金剛經

Keum kang kyeng (KIN KANG KING).
— Le KIN KANG KING.

1 vol. in-4°, 35 feuillets. (L. O. V.)

Un feuillet et demi de figures représentant des divinités. Vie du bodhisattva *Phou-yen* 普眼. Texte du sūtra d'après la traduction de Kumārajīva, en chinois et en transcription coréenne.

Comparer n° 2630, I.

3724. 重刻金剛經疏記會編

Tjyoung kak keum kang kyeng so keui hoi hpyen (TCHHONG KHO KIN KANG KING SOU KI HOEI PIEN). — Le KIN KANG KING avec commentaires et notice, nouvelle édition.

4 vol. in-4° formant 10 livres. (L. O. V.)

Un feuillet de figures; préfaces de *SING-TSHONG* 性聰 (année *pyeng-in* sous les *MING*) et de *HING-TSHE* 行策 (1664); figures avec légendes; avertissement. Texte du sūtra d'après Kumārajīva; commentaire de *TSONG-MI* 宗密 (époque des *THANG*); notice de *TSEU-SIUEN* 子璿, des *SONG*. Le commentaire et la notice ont été réunis par *HING-TSHE*. Réédition coréenne.

3725.

Tai pang koang ouen kak syou ta ra ryo eui kyeng (n° 2634.)

1 vol. in-4° formant 3 livres. (L. O. V.)

Un feuillet de figures représentant une divinité et une tablette avec des souhaits pour le Roi et la famille royale. Préface sans signature ni date. Texte du sūtra avec

explications du bonze *HAN-HIU-THANG TE THONG* 涵虛堂得通 de la montagne *HI-YANG* 曦陽. Gravé aux frais de *Ha Tjyeng-il* 河靖一, de *Tjin-yang* 晉陽, à la bonzerie *Pong-in* de la montagne *Htyen-ma* de *Yang-tjyou* 楊州天磨山奉印寺 (1883).

3726.

Poul syel mou ryang syou kyeng (n° 2642).

1 vol. in-4° formant 2 livres. (L. O. V.)

Un feuillet de figures représentant des divinités. Préface pour la présente réédition (1861). Texte de la traduction de Saṅghavarman.

3727.

A mi hta kyeng. — Le 'O MI THO KING.

1 vol. grand in-8°, 12 feuillets. (L. O. V.)

Texte en *en-moun*, gravé en 1871 à *Yang-tjyou* 楊州.

Comparer n° 2645, 2646.

3728.

Myo pep ryen hoa kyeng (n° 2647).

I. — 1 vol. in-4° formant 3 livres. (L. O. V.)

Même ouvrage qu'au n° 2647, I, édition légèrement différente faite à la même date dans la même bonzerie. Au début, deux feuillets de figures, souhaits pour la famille royale, liste des donateurs.

II. — 7 vol. in-fol. (L. O. V.)

Même ouvrage qu'au n° 2647, IV.

III. — 1 vol. in-4° (1er livre seul). (L. O. V.)

Voir n° 2647, V.

3729. 妙法蓮華經觀世音菩薩
普門品

*Myo pep ryen hoa kyeng koan syei
eum po sal po moun hpeum* (*MIAO FA
LIEN HOA KING KOAN CHI YIN PHOU SA
PHOU MEN PHIN*; sanscrit Saddharma
puṇḍarīka sūtra avalokiteçvara bodhisattva samantamukhaparivarta).

Chapitre sur le samantamukha du
bodhisattva Avalokiteçvara.

1 vol. petit in-8° (incomplet). (C. P.)

Souhaits pour le Roi et le royaume;
cinq pages de figures; nombreuses autres
illustrations. Texte chinois et coréen. A la
fin, postface de *Hăing-o* 幸悟 de la bonzerie de *Oun-syou* 雲水菴 (1697). Liste
des donateurs. Gravé en 1697 à la bonzerie
Sin-koang, district de *Hăi-tjyou* 海州神
寺光.

Cf. Bunyiu Nanjio, 137.

3730. 六祖大師法寶壇經

Ryouk tjo tai să pep po tan kyeng (*LOU
TSOU TA CHI FA PAO THAN KING*). — Sūtra
prononcé sur le siège de la gemme
de la loi par le sixième patriarche.

1 vol. petit in-8°. (C. P.)

Sūtra de *HOEI-NENG* 慧能, rassemblé
par son disciple *FA-HAI* 法海. Préface de
TE-YI 德異 (1290). Ancienne impression.

Cf. Bunyiu Nanjio, 1525.

3731. (*Sans titre.*)

1 vol. petit in-8°, 38 feuillets. (L. O. V.)

Impression d'apparence ancienne; ouvrage incomplet renfermant :

1° 佛說廣本大歲經

Poul syel koang pon tai syei kyeng
(*FO CHOE KOANG PEN TA SOEI KING*). —
Sūtra prononcé par Buddha au sujet
de l'extension de la grande année (?).

2° *Htyen ti hpal yang sin tjou kyeng*
(n° 2653). — Sūtra prononcé par
Buddha au sujet des huit mantra lu-
mineux du ciel et de la terre.

Comparer Bunyiu Nanjio, 300, 佛說
八陽神呪經, *Fo CHOE PA YANG CHEN
TCHHEOU KING*, sanscrit Aṣṭabuddhaka sūtra.

3° 佛說地心陀羅尼

Poul syel ti sim hta ra ni (*FO CHOE
TI SIN THO LO NI*). — Sūtra prononcé
par Buddha au sujet du mantra du
cœur de la terre.

4° 佛說敗目神呪經

Poul syel hpai mok sin tjou kyeng
(*FO CHOE PAI MOU CHEN TCHHEOU KING*).
— Sūtra prononcé par Buddha au
sujet du mantra spirituel (?).

5° 佛說度尼經

Poul syel to ni kyeng (*Fo CHOE TOU
NI KING*). — Sūtra prononcé par
Buddha (?).

6° 佛說五姓友支經

Poul syel o syeng ou tji kyeng (*Fo
CHOE OOU SING YEOU TCHI KING*). —
Sūtra prononcé par Buddha au sujet
de (?) des cinq familles.

3732.

Poul syel htyen ti hpal yang sin tjou kyeng (n° 2653).

1 vol. in-4°. (L. O. V.)

Préface sans signature ni date; texte du sûtra avec transcription coréenne.

Comparer n° 2654 et 3731, 2°.

3733. (Sans titre.)

1 vol. grand in-8°. (L. O. V.)

1° *Poul syel htyen ti hpal yang sin tjou kyeng* (n° 3732).

Texte chinois avec transcription.

2° 佛說歡喜寵王經

Poul syel hoan heui tjo oang kyeng (*Fo choẹ hoan hi tsao oang king*). — Sûtra prononcé par Buddha à propos de réjouir le Dieu du Foyer.

Texte chinois et transcription.

3° 佛說明堂神經

Poul syel myeng tang sin kyeng (*Fo choẹ ming thang chen king*). — Sûtra prononcé par Buddha au sujet du *Ming thang*.

Texte chinois et transcription.

4° 佛說安宅神呪經

Poul syel an tchäik sin tjou kyeng (*Fo choẹ 'an tsẹ chen tchheou king*). — Sûtra prononcé par Buddha sur le mantra qui assure la paix de la maison.

Texte chinois seul.

Cf. Bunyiu Nanjio, 478.

5° *Poul syel tjyang syou myel tjoi ho tjye tong tjă hta ra ni kyeng* (n° 2651). — Sûtra prononcé par Buddha sur le mantra qui protège les enfants, anéantit le péché, assure la longévité.

Texte chinois seul.

Comparer Buyniu Nanjio, 488.

6° 佛說壽生經

Poul syel syou săing kyeng (*Fo choẹ cheou cheng king*). — Sûtra prononcé par Buddha sur la longue vie.

Texte chinois et transcription.

A la fin du volume, on lit des souhaits pour le Roi et la famille royale. Le recueil a été gravé aux frais de divers donateurs à la bonzerie *Poul-am*, de la montagne *Htyen-po*, à *Yang-tjyou* 楊州天寶山佛嚴寺 (1796).

3734. 佛頂心姥陀羅尼經

Poul tyeng sim mo hta ra ni kyeng (*Fo ting sin mou tho lo ni king*). — Sûtra sur le mantra d'une vieille femme (?).

1 vol. petit in-8° formant 2 livres. (L. O. V.)

Un feuillet de gravures. Préface de *Tjin Han* 陳韓. Recommandations pour la lecture du sûtra. Texte chinois avec monogrammes et formules en sanscrit, chinois, coréen. Postface de *Yeng-am Tji-oun* 英庵智雲 (1881). Gravé la même année à la bonzerie *Sam-syeng* du *Sam-kak* 三角山三聖菴.

3735.

Tjin en tjip (n° 162).

2 vol. in-fol. (L. O. V.)

Préface non datée pour la présente réédition. Dissertation sur la langue sanscrite; table des initiales chinoises d'après le *Hong oou yun* (probablement le *Hong oou tcheng yun* 洪武正韻, voir n° 49); table des 50 lettres sanscrites. Liste de monogrammes bouddhiques.

Prières en sanscrit, chinois, coréen.

Postface (1800) du fidèle *Syou-koan* 水觀居士 attribuant l'ouvrage à *Ryong-am Tjeung-syouk* 龍巖增肅, qui vivait à une époque antérieure. Feuille de souhaits, liste des donateurs. Ouvrage gravé à la bonzerie *Oang-ouel* de la montagne *To-pong*, de *Yang-tjyou* 楊州道峯山望月寺.

3736.

Pi mil kyo (n° 2674).

I. — 1 vol. grand in-8°. (L. O. V.)

Préface de 1784 signée d'un pseudonyme, *San-hpo ro sou* 山逋老叟; autre préface de même date. Table des lettres coréennes; table des lettres sanscrites avec explications. Table des matières.

Prières en sanscrit et en coréen, avec notices et titres chinois. Calendrier religieux.

A la fin du volume, on a ajouté trois séries de textes qui n'en faisaient pas primitivement partie :

1° Des notes manuscrites, formules diverses, liste de fêtes en chinois et en coréen.

2° Un fragment imprimé trilingue du *Poul syel keum kang tyeng you ka tchoi seung pi mil* 佛說金剛頂瑜伽最勝秘密 (vajraçekharayoga; comparer Bunyiu Nanjio, 534).

3° Des notes manuscrites sur diverses cérémonies.

II. — Des exemplaires de cet ouvrage sur papier plus grand et sans les trois suppléments existent dans diverses collections.

(C. P. — M. C.)

3737. 持經靈驗傳

Tji kyeng ryeng em tjyen. — Effets miraculeux des sûtra.

1 vol. in-4°. (L. O. V.)

1° 25 feuillets, *Tji kyeng ryeng em tjyen*, en *en-moun*.

2° 19 feuillets, *Tyen syel in koa kok* (n° 2675, 2°), en *en-moun*; extrait du 六道伽佗經, *ryouk to ka hta kyeng*, *lou tao khia thoo king*, sûtra des gâthâ des six voies (Bunyiu Nanjio, 821).

3° 8 feuillets, *Kouen syen kok* (n° 2675, 3°, I) en *en-moun*.

4° 3 feuillets, *Syou syen kok* (n° 2675, 1°), en *en-moun*.

5° 6 feuillets, *Sam syen kok* (n° 2675, 4°), en chinois et en *en-moun*.

A la fin (1 feuillet), on trouve la date de 1794 et le nom de l'auteur, *Tji-yeng* 智瑩; souhaits pour le Roi, liste des donateurs. Gravé en 1795 à la bonzerie de *Poul-am* de la montagne *Htyen-po*, de *Yang-tjyou* 楊州天寶山佛巖寺.

3738. 白雲和尙抄錄佛祖直指心體要節

Păik oun hoa syang tchyo rok poul tjo tjik tji sim htyei yo tjyel. — Traits édifiants des patriarches rassemblés par le bonze *Păik-oun.*

1 vol. grand in-8° (2° livre seul). (C. P.)

Ce volume porte à la fin l'indication suivante : En 1377, à la bonzerie de *Heung-tek* 興德, hors [du chef-lieu] du district de *Tchyeng-tjyou* 清州, imprimé à l'aide de caractères fondus. Si cette indication est exacte, les caractères fondus, c'est-à-dire mobiles, auraient été en usage vingt-six ans avant le décret du roi *Htai-tjong* (n° 1673), qui se fait gloire de l'invention des types mobiles.

Il faut en outre remarquer la date; elle est écrite : 7ᵉ année de *Siuen-koang* 宣光 七年; ce nom de règne fut adopté en 1371 par *Tchao-tsong* 昭宗, prétendant de la famille des *Yuen*.

3739. 禪教釋

Syen kyo syek. — Biographies de bonzes (école du dhyāna).

1 vol. grand in-8°. (L. O. V.)

Texte en grands caractères semi-cursifs; notice initiale de *Ssang-ik Tjeuk-hoan* 雙翼 即喚 (1586); à la fin, postface non datée par *Hyou-tjyeng* 休静 de *Tou-ryou-san* 頭 流山, auteur des trois biographies; la première de celles-ci est de 1560, la dernière de 1568, la seconde de 1577.

Vie du bonze *Pyek-syong-tang* 碧松堂 大師, autres noms *Tji-em* 智嚴, *Ya-ro* 埜老, nom de famille *Song* 宋 (1464-1535). — Vie de *Pou-yong-tang* 芙蓉堂, postnom *Ryeng-koan* 靈觀, surnom *Eun-am* 隱菴, de *Tjin-tjyou* 晋州 (1485-1571). — Vie de *Kyeng-syeng-tang* 敬聖 堂, autres noms *Il-tjyen* 一禪, *Hyou-ong* 休翁, *Syen-hoa-tjă* 禪和子, de la famille *Tjyang* 張 de *Oul-san* 蔚山 (1488-1568).

3740. 僧家日用默言作法。心經

Seung ka il yong meuk en tjak pep — *Sim kyeng.* — Traité de méditation quotidienne pour les bonzes.

1 vol. petit in-8°, 19 feuillets. (L. O. V.)

Volume ancien en chinois avec parties en *en-moun*. Postface de *Tchyou-hyen* 就贒 (année *kap-o*); liste des donateurs. Gravé à la bonzerie *Tjyek-tchyen* de la montagne *Hoa-ak* 華岳山磧川寺.

3741. 清土紺珠

Tchyeng hto kăm tjyou. — Recueil relatif au Sukhāvatī.

1 vol. grand in-8°. (L. O. V.)

Préface de *Ro-ryen* 露蓮 (1879); préface de l'auteur *He-tjyou-tang Tek-tjin* 虛 舟堂德眞, de la bonzerie *Hyei-tyeng* de *Tjang-san* 幢山慧定寺 (1879). Avertissement; liste des ouvrages où l'on a pris les extraits. Table des matières rangées par catégories numériques.

Postface de *Ryou Yep* 劉燁, surnom *Po-hoa* 寶華 (1880). Liste des donateurs. Gravé à la bonzerie *Pong-eun* 奉恩寺 (1882).

3742. 請文

Tchyeng moun. — Recueil.

1 vol. grand-in-8°. (L. O. V.)

Ouvrage incomplet, paraissant assez ancien, partie imprimé, partie manuscrit; contenant des renseignements divers, formules de prières, monogrammes magiques, etc.

CHAPITRE III. — CATHOLICISME.

3743.

Syeng kyeng tjik hăi (kăi) (n° 2715). — Véritable explication de l'Evangile.

9 vol. petit in-8°, papier coréen, formant 9 livres. (L. O. V.)

Frontispices en tête des volumes publiés en 1892, 1893, 1895, 1897, par l'imprimerie de la Mission, sous la direction de

Mgr Mutel. Préface en *en-moun*, sans signature ni date.

Explication des évangiles des dimanches et fêtes de toute l'année. Chaque article se compose : 1° du texte de l'évangile en gros caractères, avec quelques explications littérales en note; 2° d'un commentaire moral; 3° d'une méditation; 4° de l'oraison du jour.

1er vol., du 1er dimanche de l'Avent au dimanche dans l'octave de la Nativité (1897);

2e vol., de l'Épiphanie à la Sexagésime (1892);

3e vol., de la Quinquagésime à la Passion (1892);

4e vol., la Semaine sainte (1892);

5e vol., de Pâques au mardi de la Pentecôte (1892);

6e vol., de la Trinité au 10e dimanche après la Pentecôte (1893);

7e vol., du 11e au 24e dimanche après la Pentecôte (1893);

8e vol., fêtes mobiles de la St-André à l'Annonciation (1895);

9e vol., fêtes mobiles de l'Invention de la Sainte Croix à la fête des Morts (1895).

3744.

Tchi myeng il keui (n° 2794). — Liste des Martyrs (des années 1866 et suivantes).

1 vol. petit in-8°, papier coréen. (L. O. V.)

Préface en *en-moun* par Mgr Mutel (*Min Ao-seu-ting*). Liste en *en-moun* de 877 étrangers et Coréens mis à mort pour la foi dans les provinces de *Kyeng-keui* (1-434), *Tchyoung-tchyeng* (435-760), *Tjyen-ra* (761-

794), *Kyeng-syang* (795-831), *Kang-ouen* (832), *Hoang-hăi* (833-857), *Hpyeng-an* (858) et *Ham-kyeng* (859-877); brèves notices biographiques. Cet ouvrage diffère donc du manuscrit du même titre indiqué au n° 2794.

3745.

Lettre pastorale de prise de possession (21 septembre 1891).

1 plaquette in-8°, 6 feuillets, papier coréen.

A l'occasion de l'arrivée de Mgr Mutel à son siège épiscopal; texte en *en-moun*.

3746.

Lettre pastorale portant promulgation des décrets et règlements relatifs à la Confrérie de la Sainte Famille, *syeng ka hoi* 聖家會 (21 septembre 1893).

1 plaquette in-8°, 9 feuillets, papier coréen.

Texte en *en-moun*.

3747.

Calendrier chrétien édité en septembre de chaque année.

1 feuille, papier coréen.

Depuis 1891, la Mission catholique a en outre réimprimé un certain nombre des ouvrages publiés antérieurement.

CHAPITRE IV. — PROTESTANTISME.

3748. 照萬民光

Tjyo man min koang. — La lumière qui éclaire tous les hommes.

I. — 1 vol. in-4° formant 11 + 2 sections; 58 feuillets papier coréen. (L. O. V.)

Titre en grands caractères; texte chinois et traduction en *en-moun*. Avertissement, préface. Paraphrase des Évangiles et des Actes des Apôtres, publiée par la Mission Anglicane à *Rak-tong* 駱 洞, quartier de Séoul (1894).

II. — 1 vol. petit in-8°, 57 feuillets papier coréen. (L. O. V.)

Même ouvrage sans texte chinois (1894).

La Mission Anglicane a publié aussi divers traités en *en-moun*, dont je n'ai pas eu communication.

3749.

I. *Yei|sou syeng kyeng syeng sye.* — New Testament.

In-12, papier chinois teinté; 43 + 26 + 46 + 37 + 43 + 99 + 45 feuillets.

Traduit par J. Ross (1887).

II. *Yei|sou syeng kyeng syeng sye;* en sous-titre *Mas|täi pok eum.* — Gospel of Matthew.

1 vol. in-12, papier chinois teinté, 48 feuillets. (L. O. V.)

Titre en grands caractères; gravé sur planches à Moukden (1886). Paraît identique à une traduction de J. Ross, 46 feuillets (1885).

III. *Mahtai pok eum tjyen.* — Gospel of Matthew.

1 vol. in-8°, papier chinois teinté, 89 feuillets.

Traduit par H. G. Appenzeller (1892).

IV. Même ouvrage.

1 vol. petit in-8°, papier chinois teinté, 66 feuillets. (L. O. V.)

Titre en grands caractères (1895).

V. Même ouvrage.

1 vol. petit in-8°, papier chinois teinté, 66 feuillets.

Dieu est traduit par *htyen-tjyou*, au lieu de *ha|nă-nim* (1895).

VI. Même ouvrage.

1 vol. petit in-8°, papier genre européen, 26 feuillets simples. (L. O. V.)

Titre en grands caractères (1896). Dieu = *ha|nă-nim.*

VII. Même ouvrage.

1 vol. petit in-8°, papier genre européen, 26 feuillets simples. (L. O. V.)

Titre en grands caractères (1896). Dieu = *htyen-tjyou.*

VIII. *Malhka pok eum.* — Gospel of Mark.

1 vol. in-12, papier chinois teinté, 39 feuillets.

Traduction de J. Ross (1883).

IX. *Yei|sou syeng kyeng syeng sye,* en sous-titre *Malhka pok eum.* — Gospel of Mark.

1 vol. in-12, papier chinois teinté, 27 feuillets. (L. O. V.)

Titre en grands caractères. Gravé à Moukden (1884).

X. *Sin yak ma|ka tjyen pok eum sye en hăi.* — Gospel of Mark.

1 vol. petit in-8°, papier genre européen, 87 pages. (L. O. V.)

Titre en grands caractères; texte en coréen mélangé de caractères chinois, traduit par *Ri Sou-tjyen* (1885).

XI. *Ma|ka eui tjyen-hăn pok eum sye en hăi.* — Gospel of Mark.

1 vol. petit in-8°, papier chinois teinté, 4o feuillets. (L. O. V.)

Texte tout coréen revu par H. G. Underwood et H. G. Appenzeller (1887).

XII. Même ouvrage.

1 vol. petit in-8°, papier chinois teinté, 46 feuillets. (L. O. V.)

Réimpression du précédent (1890).

XIII. *Ma|ka pok eum.* — Gospel of Mark.

1 vol. petit in-8°, papier chinois teinté, 43 feuillets. (L. O. V.)

Titre en grands caractères. Traduction coréenne sans commentaires par H. G. Appenzeller (1895). Dieu = *ha|nă-nim.*

XIV. Même ouvrage.

1 vol. petit in-8°, papier chinois teinté, 43 feuillets. (L. O. V.)

Titre en grands caractères (1895). Dieu = *htyen-tjyou.*

XV. Même ouvrage.

1 vol. petit in-8°, papier blanc, 17 feuillets simples.

Imprimé en 1896. Dieu = *ha|nă-nim.*

XVI. Même ouvrage.

1 vol. petit in-8°, papier blanc, 17 feuillets simples.

Imprimé en 1896. Dieu = *htyen-tjyou.*

XVII. *Nou|ka pok eum.* – *Tyei tja*

hăing tjyek. — Gospel of Luke. Acts of the Apostles.

1 vol. in-12, papier chinois teinté, 65 + 53 feuillets.

Traduit par J. Ross (1884).

XVIII. *Nou|ka pok eum tjyen.* — Gospel of Luke.

1 vol. in-12, papier chinois teinté, 60 feuillets.

Traduction de J. Ross, orthographe revue par H. G. Appenzeller (1890). Comparer n° 2796.

XIX. Même ouvrage.

1 vol. petit in-8°, papier chinois teinté, 112 feuillets. (L. O. V.)

Titre en grands caractères; réimpression du précédent. (1893.)

XX. *Nou|ka pok eum.* — Gospel of Luke.

1 vol. petit in-8°, papier genre européen, 28 feuillets simples. (L. O. V.)

Titre en grands caractères. Traduction par H. G. Underwood (1895). Dieu = *ha|nă-nim.*

XXI. Même ouvrage.

1 vol. petit in-8°, papier genre européen, 28 feuillets simples. (L. O. V.)

Imprimé en 1895. Dieu = *htyen-tjyou.*

XXII. *Yo|annăi pok eum.* — Gospel of John.

1 vol. in-12, papier chinois teinté, 54 feuillets.

Traduit par J. Ross (1882).

XXIII. *Yei|sou syeng kyeng syeng sye*, en sous-titre *Yo|annăi pok eum.* — Gospel of John (with Epistle to Ephesians).

1 vol. in-12, papier chinois teinté, 46 + 9 feuillets. (L. O. V.)

Titre en grands caractères. Traduction de J. Ross, gravée à Moukden (1885).

XXIV. *Yakhan euikeui rok-hăn tăi-ro pok eum.* — Gospel of John.

1 vol. petit in-8°, papier genre européen, 181 pages. (L. O. V.)

Sur la couverture : The Gospel according to John translated by M. C. Fenwick, Esq., 1893.

XXV. *Yohan pok eum.* — Gospel of John.

1 vol. in-12, papier chinois teinté, 56 feuillets.

Traduit par J. S. Gale (1895). Dieu = *ha|nă-nim.*

XXVI. Même ouvrage.

1 vol. in-12, papier chinois teinté, 56 feuillets.

Imprimé en 1895. Dieu = *htyen-tjyou.*

XXVII. Même ouvrage.

1 vol. petit in-8°, papier genre européen, 22 feuillets simples. (L. O. V.)

Titre en grands caractères. Traduction sans commentaires (1896). Dieu = *ha|nă-nim.*

XXVIII. Même ouvrage.

1 vol. petit in-8°, papier genre européen, 22 feuillets simples.

Impression de 1896. Dieu = *htyen-tjyou.*

XXIX. *Să to hăing tjyen.* — Acts of the Apostles.

1 vol. in-8°, papier chinois mince, 81 feuillets.

Traduction de J. S. Gale (1892).

XXX. Même ouvrage.

1 vol. petit in-8°, papier chinois teinté, 63 feuillets. (L. O. V.)

Titre en grands caractères (1895). Dieu = *ha|nă-nim.*

XXXI. Même ouvrage.

1 vol. petit in-8°, papier chinois teinté, 63 feuillets. (L. O. V.)

Impression de 1895. Dieu = *htyen-tjyou.*

XXXII. Même ouvrage.

1 vol. petit in-8°, papier genre européen, 25 feuillets simples. (L. O. V.)

Titre en grands caractères (1896). Dieu = *ha|nă-nim.*

XXXIII. Même ouvrage.

1 vol. petit in-8°, papier genre européen, 25 feuillets simples.

Impression de 1896. Dieu = *htyen-tjyou.*

XXXIV. *Pora tal ro|ma in sye* (n° 2797). — Epistle of Paul to the Romans.

1 vol. in-12, papier chinois teinté, 25 feuillets.

Traduction de J. Ross, orthographe revue par H. G. Appenzeller (1890).

3750.

I. *Yei|sou syeng kyo moun tap.* — Bible catechism.

In-16, papier chinois teinté, 11 feuillets.

Par J. Ross (188?).

II. *Hkeuri|seuto|sseu syeng kyo moun tap.* — Bible catechism.

In-12, papier chinois teinté, 10 feuillets.

Même ouvrage revu par Mrs. M. F. Scranton (1890).

III. *Syeng kyeng moun tap.* — Bible catechism.

In-12, papier chinois teinté, 10 feuillets.

Même ouvrage, le titre seul diffère (1893).

IV. Même ouvrage.

1 vol. petit in-8°, papier chinois teinté, 13 feuillets. (L. O. V.)

Titre en grands caractères (1895).

V. Même ouvrage.

1 vol. petit in-8°, papier genre européen, 11 feuillets simples. (L. O. V.)

Titre en grands caractères (1895).

3751.

Kou yak kong pou. — Old Testament studies.

1 vol. in-12, papier chinois teinté, 67 feuillets. (L. O. V.)

Titre en grands caractères. Fragments des livres de Josué, Juges, Ruth, Rois, traduits et commentés par G. H. Jones (1891); le volume porte la date de 1893.

3752.

Syeng kyeng to syel. — Bible picture book.

1 vol. in-12, papier chinois teinté, 84 feuillets. (L. O. V.)

Titre en grands caractères. Traduit du chinois de S. M. Sites par Miss L. C. Rothweiler; 80 illustrations (1892).

3753.

Yei|sou häing tjyek. — Story of Jesus.

3 vol. in-12, papier chinois teinté, 12 feuillets par volume. (L. O. V., 3° vol. seul.)

Titre en grands caractères. Extraits des Évangiles, avec commentaires et questions, pour les dimanches des trois premiers mois; par H. G. Underwood et H. G. Appenzeller (1891-1893, inachevé).

3754.

Eui ouen eui häing tjyen. — The great physician.

I. — 1 vol. in-24, papier chinois teinté, 9 feuillets. (L. O. V.)

Titre en grands caractères. Exposé des miracles de Jésus-Christ, par C. C. Vinton (1893).

II. — 1 vol. in-24 (un peu plus petit que le précédent), papier chinois teinté, 9 feuillets. (L. O. V.)

Réimpression de 1896.

3755.

Pok eum tai tji. — Great themes of the Gospel.

1 vol. petit in-8°, papier chinois teinté, 19 feuillets. (L. O. V.)

Titre en grands caractères. Exposé de la doctrine protestante, précédé d'une exhortation et suivi d'une prière; traduit par H. G. Underwood du chinois de G. John (1894).

3756. 福音要史

Pok eum yo să. — Story of the Gospel.

1 vol. petit in-8°, papier chinois teinté, 118 feuillets. (L. O. V.)

Titre en grands caractères chinois. 24 chapitres où des passages du Nouveau Testament sont racontés et entremêlés de réflexions morales. Traduit par D. L. Gifford (1895), de l'anglais de C. Foster.

3757.

Kou syei tjin tjyou. — The true Saviour.

1 vol. petit in-8°, papier genre européen, 13 feuillets simples. (L. O. V.)

Titre en grands caractères. Exposé doctrinal de la vie et de la mort du Christ; traduit par W. M. Baird du chinois de G. John (1895).

3758.

Sin yak moun tap. — New Testament catechism.

3 vol. petit in-8°, papier chinois teinté, 91 feuillets en tout. (L. O. V., 1ᵉʳ et 2ᵉ volumes.)

Trente-neuf leçons : traduction du texte de l'Évangile avec questions et réponses; par W. M. Scranton (1896). Les trois volumes forment les trois quarts de l'ouvrage.

3759.

Mi|i|mi kyo hoi moun tap (n° 2801). — Methodist catechism.

I. — 1 vol. petit in-8°, 32 pages, papier genre européen. (L. O. V.)

Titre en grands caractères. Par G. H. Jones (1890).

II. — 1 vol. petit in-8°, papier chinois teinté, 19 feuillets.

Même ouvrage (1891).

III. — 1 vol. in-12, papier coréen, 16 feuillets.

Même ouvrage (1893).

3760.

Eui kyeng moun tap. — Methodist larger catechism.

1 vol. petit in-8°, papier chinois teinté, 177 feuillets. (L. O. V.)

Titre en grands caractères. Catéchisme avec commentaires sur Dieu, la création, la chute, la loi, Jésus-Christ, le Saint-Esprit, l'Église, le jugement dernier, etc. Traduit de l'allemand de W. Nast, par F. Ohlinger (1893).

3761.

I. *Kouri|seuto moun tap.* — Christian catechism.

1 vol. in-12, papier chinois teinté, 45 feuillets. (L. O. V.)

Traduit du chinois de Mrs H. S. C. Nevius par H. G. Underwood (1893). Dieu = *yehooa.*

II. Même ouvrage.

1 vol. in-12, papier chinois teinté, 45 feuillets.

Réimpression de 1895.

III. *Yei|sou kyo moun tap.*

1 vol. in-12, papier chinois teinté, 45 feuillets.

Même ouvrage (1894). Dieu = *htyen-tjyou.*

IV. Même ouvrage.

1 vol. in-12, papier chinois teinté, 45 feuillets. (L. O. V.)

Réimpression du précédent (1894). Dieu = *ha|nă-nim.* Édition soignée; titre en grands caractères.

V. *Kou syei kyo moun tap.*

1 vol. in-18, papier chinois teinté, 27 feuillets.

Réimpression (1895). Dieu = *htyen-tjyou.* Titre en grands caractères.

3762.

Syeng kyo tchoal ri. — Salient doctrines of Christianity.

I. — 1 vol. in-12, papier chinois teinté, 6 feuillets.

Traduit par H. G. Underwood du chinois de G. John (1890).

Comparer n° 2800.

II. — 1 vol. petit in-8°, papier chinois teinté, 9 feuillets. (L. O. V.)

Réimpression de 1894. Titre en grands caractères.

III. — 1 vol. petit in-8°, papier chinois teinté, 8 feuillets. (L. O. V.)

Autre impression de 1894. Titre en grands caractères.

3763.

Tjin to ip moun moun tap. — Entering door of the true doctrine.

I. — 1 vol. petit in-8°, papier genre européen, 55 feuillets.

Traduit par F. Ohlinger du chinois de G. John (1890).

II. — 1 vol. petit in-8°, papier chinois teinté, 50 feuillets. (L. O. V.)

Réimpression (1893). Titre en grands caractères.

3764.

Houn ă tjin en. — Peep of day.

I. — 1 vol. petit in-8°, papier chinois teinté, 58 feuillets. (L. O. V.)

Sur Dieu (*ha|nă-nim*), la création, la chute, la vie du Christ, etc. Traduit par Mrs. M. F. Scranton de l'anglais de Mrs. Masston (1891). Titre en grands caractères.

II. — 1 vol. grand in-8°, papier chinois teinté, 56 feuillets. (L. O. V.)

Réimpression (1894).

3765.

Tjyang ouen ryang ou syang ron. — The two friends *Tjyang* and *Ouen.*

I. — 1 vol. in-8°, papier chinois teinté, 57 feuillets.

Dialogue sur la religion, traduit par S. A. Moffett, du chinois de W. Milne (1893).

II. — 1 vol. petit in-8°, papier chinois teinté, 52 feuillets. (L. O. V.)

Réimpression de 1894. Titre en grands caractères.

III. — 1 vol. petit in-8°, papier chinois teinté, 32 feuillets. (L. O. V.)

Réimpression (1896). Dieu = *htyen-tjyou.* Titre en grands caractères.

3766. 三字經

Sam tjă kyeng. — Three character classic.

1 vol. in-12, papier coréen, 17 feuillets. (L. O. V.)

Titre en grands caractères sigillaires rouges; texte chinois avec traduction coréenne sous chaque caractère; à la fin, syllabaire coréen. Exposé de la religion en phrases de trois caractères, par F. Ohlinger (1894).

3767. 眞理便讀三字經

Tjin ri pyen tok sam tjă kyeng. — Christian three character classic.

1 vol. grand in-8°, papier chinois teinté, 76 feuillets. (L. O. V.)

Exposé de la doctrine en seize chapitres; sous chaque caractère chinois, prononciation et traduction en coréen; après chaque phrase, terminaison verbale coréenne; après chaque chapitre, traduction en coréen. Par S. A. Moffett; texte chinois de G. John. Gravé sur planches, exécution médiocre (1895).

3768.

Sam yo rok. — The three principles.

I. — 1 vol. petit in-8°, papier chinois blanc, 39 feuillets. (L. O. V.)

Titre en grands caractères. Traité en trois chapitres (Dieu, l'homme, Jésus médiateur) suivi de prières et de cantiques; traduit du chinois de W. A. P. Martin, par H. G. Underwood (1894).

II. — 1 vol. petit in-8°, papier genre européen, 43 feuillets.

Réimpression (1896).

3769. 眞理易知

Tjin ri i tji. — An easy introduction to Christianity.

1 vol. in-12, papier chinois teinté, 38 feuillets. (L. O. V.)

Titre en grands caractères. Douze chapitres en chinois avec traduction coréenne, sur la création, la chute, le péché, la mort, le jugement. Par D. B. Mac Cartee, traduction de H. G. Underwood (1895).

3770.

Syok tjoi tji to. — Expiation.

1 feuille format in-8°, papier chinois teinté. Auteur incertain (1888?).

3771.

Pok. — Happiness.

1 feuille format in-8°, papier chinois teinté. Par H. G. Underwood (1893).

3772.

An. — Peace.

1 feuille format in-8°, papier chinois teinté. Par le même (1893).

3773.

Koui. — Death prepared for.

1 feuille format in-8°, papier chinois teinté. Par le même (1893).

3774.

Htyen tjyou yei|sou ryang kyo pou tong moun tap. — Catechism of differences between romanism and protestantism.

I. — 1 plaquette in-8°, papier chinois teinté, 3 feuillets.

Par S. F. Moore (1894).

II. — 1 feuille papier chinois teinté, 3o cent. sur 27. (L. O. V.)

Réimpression (1895).

3775.

Ha|näl eul euitji häya, pap meknänta hän mal ira. — Sur la parole : « C'est grâce au Ciel que je mange mon riz ».

1 feuille papier coréen, 18 cent. sur 25, avec un grand caractère 天 *htyen,* le Ciel, en haut. (L. O. V.)

Distinction du ciel matériel et de Dieu, par H. G. Appenzeller (1894).

3776.

Hoan-ran myen-hä|nän keun-pon ira. — How to escape calamity.

I. — 1 feuille papier chinois teinté.

Sur l'obligation de servir Dieu, par S. A. Moffett (1895).

II. — 1 feuille papier chinois teinté, 42 cent. sur 28. (L. O. V.)

Réimpression (1896).

3777.

Eteul; teuk. — Seven blessings obtained by believers.

1 feuille papier coréen, 15 cent. sur 25. (L. O. V.)

Texte en coréen sur le salut, la vie éternelle, etc.; en haut, un grand caractère 得, *teuk,* obtenir. Par *Hong Tjeung-heu* (1895).

3778.

Ryeng hon moun tap. — Questions and answers to my soul.

I. — 1 feuille papier chinois teinté, 20 cent. sur 18. (L. O. V.)

Appel au salut; Dieu est traduit par *ha|nänim, yehooa, htyen-tjyou,* cette dernière expression en gros caractères. Par H. G. Underwood (1895).

II. — 1 feuille papier coréen, 35 cent. sur 20. (L. O. V.)

Autre impression (1895).

3779.

Yei|sou syeng kyo yo ryeng. — Christian summons.

1 vol. in-12, papier chinois teinté, 17 feuillets.

Par J. Ross (1883).

3780.

Rang tjä hoi käi. — The prodigal son.

1 vol. petit in-8°, papier genre européen, 15 pages. (L. O. V.)

Titre en grands caractères. Traduction de Luc, xv, 11 et seq., avec commentaire moral par *Ri Sou-tjyen* (1885?).

3781.

Ra pyeng ron. — Sin like leprosy.

I. — 1 feuille in-4°, papier coréen.

Traduction par F. Ohlinger (1889?) du récit de Marc, 1, 40 et seq., avec commentaire moral.

II. — 1 plaquette in-8° en paravent, papier genre européen.

Réimpression (1890).

Comparer n° 2799.

III. — 1 vol. petit in-8°, papier chinois teinté, 7 feuillets, couverture rouge. (L. O. V.)

Réimpression (1893). Titre en grands caractères.

3782.

Ne euikei tyoheun keui-pyel. — Good news for you.

1 vol. in-12, papier blanc, 11 feuillets.

Traduit par M. C. Fenwick (1891).

3783.

Kouen tjyoung hoi käi. — An exhortation to repentance.

I. — 1 vol. in-12, papier chinois teinté, 11 feuillets. (L. O. V.)

Titre en grands caractères. Traduit par H. G. Underwood (1891) du chinois de G. John.

II. — 1 vol. in-12, papier chinois teinté, 11 feuillets.

Réimpression (1893).

3784.

Kouen tjyoung ron. — An exhortation to the many.

I. — 1 plaquette petit in-8°, papier chinois teinté, 4 feuillets.

Par H. G. Underwood (1893).

II. — 1 plaquette petit in-8°, papier chinois teinté, 4 feuillets. (L. O. V.)

Réimpression (1894).

3785.

Tai tjyou tji myeng. — The great Lord's command.

1 plaquette, petit in-8°, papier chinois teinté, 2 feuillets. (L. O. V.)

Invitation à chacun de faire son salut en s'adressant aux maisons qui portent l'affiche : Religion du salut. Par H. G. Underwood (1895).

3786. 儆世論

Kyeng syei ron. — A talk with sinners.

1 vol. in-12, papier genre européen, 8 feuillets simples. (L. O. V.)

Titre en grands caractères. Exhortation à aller trouver les missions établies à *Ouen-san*, Seoul, *Pou-san*, *Tjyen-tjyou*, *Tjyang-yen*, *Hpyeng-yang*, *Eui-tjyou* et *Kou-syeng*. Par W. L. Swallen (1896).

3787.

Myo tchyouk moun tap. — Conversation with a temple keeper.

I. Traduit du chinois de F. Genaehr, par H. G. Appenzeller (1891).

II. — 1 vol. petit in-8°, papier chinois teinté, 35 feuillets. (L. O. V.)

Réimpression; titre en grands caractères (1895).

3788.

In ka koui to. — Leading the family in the right way.

1 vol. petit in-8°, papier chinois teinté, 79 feuillets. (L. O. V.)

Histoire de la conversion d'une famille; traduite du chinois de G. John, par F. Ohlinger (1894). Titre en grands caractères.

3789.

Htyen ro ryek tyeng. — Pilgrim's progress.

I. — 2 volumes in-4°, papier coréen, en tout 202 feuillets (21 feuillets d'illustrations). (L. O. V.)

Titre anglais : The Pilgrim's progress translated by Mr. and Mrs. Jas. S. Gale. Printed at the Trilingual Press. Seoul, 1895. — Au verso : This edition of Bunyan's Pilgrim's progress, in the Korean language, is published by the aid of the Sunday School Teachers' Bible Class, Philadelphia, Pennsylvania, U. S., taught by Rev. Arthur T. Pierson, D. D. At the two hundredth anniversary of Bunyan's death, in 1888, an offering was taken for this purpose and is now applied to the production of this book, with the prayer that it may prove a Book of Brotherhood between the Christians of America and Korea.

Titre coréen en grands caractères. Traduction en *en-moun* de l'ouvrage de John Bunyan; 42 gravures accommodées au style coréen. Gravé en 1895.

II. — 1 vol. grand in-8°, papier chinois teinté, 67 + 21 feuillets. (L. O. V.)

Autre impression, sans titre anglais (1895).

3790.

Syang tyei tjin ri. — The true doctrine of Syang Jei (God).

I. — 1 vol. in-12, papier chinois teinté, 11 feuillets. (L. O. V.)

Titre en grands caractères. Dieu = *Syang tyei*, 上帝. Traduit par H. G. Underwood (1891) du chinois de G. John.

II. — 1 vol. in-12, papier chinois teinté, 11 feuillets.

Réimpression de 1893.

3791.

Sin tek htong ron. — Tract ou faith.

I. — 1 vol. in-8°, papier genre européen, 33 pages (n° 2798).

Traduit par F. Ohlinger (1890) du chinois de Hiu Pom (?).

II. — 1 vol. grand in-8°, papier chinois blanc, 31 feuillets. (L. O. V.)

Réimpression de 1893. Titre en grands caractères.

3792. 天路指歸

Htyen ro tji koui. — Guide to heaven.

I. — 1 vol. petit in-8°, papier chinois teinté, 15 feuillets. (L. O. V.)

Titre en grands caractères. Exposé de la justification par la foi, adapté de l'anglais de A. Judson, par W. M. Baird (1893).

II. — 1 vol. in-12, papier chinois teinté, 16 feuillets. (L. O. V.)

Titre en grands caractères. Réimpression (1894).

III. — 1 vol. petit in-8°, papier chinois teinté, 14 feuillets. (L. O. V.)

Titre en grands caractères. Réimpression (1895).

3793.

Tjyoung săing tji to. — Regeneration.

1 vol. in-12, papier chinois teinté, 15 feuillets. (L. O. V.)

Titre en grands caractères. Traduit du chinois de G. John, par H. G. Underwood (1893).

3794.

Yei|sou mis-eu|myen samki eryeptji a|ni hăn eui-ron. — That faith in Jesus makes life easy.

1 vol. in-folio, papier coréen, 17 feuillets.
Par *No* (1894).

3795.

Tjyei syei ron. — Discourse on salvation.

I. — 1 plaquette in-16, papier coréen, 3 feuillets.
Par H. G. Underwood (1889).

II. — 1 plaquette in-16, papier chinois teinté, 3 feuillets.
Réimpression (1891).

3796.

Yei|sou syei syang kou tjyou. — Jesus Saviour of the world.

1 vol. in-8°, papier chinois teinté, 10 feuillets.
Par W. B. Mac Gill (1893).

3797. 救世眞詮

Kou syei tjin tjyen. — True plan of salvation.

I. — 1 vol. petit in-8°, papier chinois teinté, 38 feuillets. (L. O. V.)
Titre en grands caractères. Dissertations sur le péché, la rémission, etc.; traduit du chinois de J. K. Mackenzie, par S. A. Moffett (1893).

II. — 1 vol. petit in-8°, papier chinois teinté, 23 feuillets. (L. O. V.)
Titre en grands caractères. Réimpression (1896).

3798. 救世要言單

Kou syei yo en tan. — Essentials of the world's salvation.

I. — 1 plaquette in-8°, papier chinois teinté, 3 feuillets, avec une illustration.
Par W. B. Mac Gill (1892).

II. — 1 vol. petit in-8°, papier chinois teinté, 9 feuillets. (L. O. V.)

Une gravure représentant la maison de l'auteur à *Ouen-san*; un feuillet, recto titre en chinois et en *en-moun*, verso alphabet coréen. Texte. A la fin, calendrier pour 1895.

3799.

Kou syei ron. — Discourse on salvation, or, the law and the Gospel.

1 vol. in-12, papier chinois teinté, 33 feuillets. (L. O. V.)

Titre en grands caractères. Explication du décalogue et de la rédemption, par *Tchoi Myeng-o* et S. A. Moffett (1895).

3800.

Mi|i|mi kyo hoi kang ryei (n° 2802). — Articles of religion and ritual of the Methodist Episcopal Church.

1 vol. petit in-8°, papier chinois teinté, 51 feuillets, couverture rouge. (L. O. V.)

Titre en grands caractères. Abrégé de la doctrine, notice historique. Rites du baptême, de la cène, du mariage, des funérailles. Par H. G. Appenzeller (1890).

3801. 爲願入敎人規條

Oui ouen ip kyo in kyou tyo. — Manual for catechumens.

6.

I. — 1 vol. petit in-8", papier chinois teinté, 34 feuillets. (L. O. V.)

Titre en grands caractères; texte en *en-moun* avec quelques caractères chinois. Manuel contenant un résumé de la doctrine, des explications sur les cérémonies, les sacrements, etc. Par S. A. Moffett (1895).

II. — 1 vol. in-12, papier chinois teinté, 43 feuillets. (L. O. V.)

Autre impression (1895). Titre en grands caractères.

3802.

Syei ryei moun tap. — Baptismal catechism.

1 vol. petit in-8°, papier chinois teinté, 21 feuillets. (L. O. V.)

Titre en grands caractères. Dieu est appelé tantôt *ha|nă-nim*, tantôt *htyen-tjyou*. Par W. B. Scranton (1895).

3803.

Tjyeng tap hă|năn mal. — Manual for communicants.

1 vol. in-12, papier chinois teinté, 9 feuillets. Par R. S. Hall (1891).

3804.

Tjyou il ryei păi kyeng. — Wesley Sunday service.

1 vol. in-8°, papier chinois teinté, 146 feuillets.

Traduit de l'anglais par W. B. Scranton (1895).

3805.

Pou hoal tjyou il ryei păi. — Easter Sabbath service.

1 volume in-12, papier genre européen, 4 1/2 feuillets doubles (L. O. V.)

Programme des services, lieux de réunion à Séoul; instruction par H. G. Underwood. Edité à l'occasion de la fête de Pâques (1896).

3806.

Ha|nă-nim apheui pok-pi năn keul ira. — A prayer to God for blessing.

1 feuille papier coréen, 40 cent. sur 45. (L. O. V.)

Décalogue, oraison dominicale, credo, etc. Imprimé en 1894.

3807.

Tchan mi ka. — I. Hymnal of the Korean Methodist Episcopal Church.

1 vol. in-32, papier chinois teinté, 39 feuillets.

Compilé par G. H. Jones et Miss L. C. Rothweiler (1892).

II. Chan mi ka. A selection of hymns for the Korean Church, published by the Korea Mission of the Methodist Episcopal Church.

1 vol. petit in-8°, papier coréen, 46 feuillets. (L. O. V.)

Au début, titre en grands caractères coréens. A la fin, titre, préface, index en anglais. 81 hymnes en coréen, de mesures diverses, adaptées à des airs indiqués en anglais pour chaque hymne. La préface est par les auteurs (1895).

3808.

Tchan yang ka. — Hymns of praise.

I. — 1 vol. in-8°, papier blanc, 128 pages.

Par H. G. Underwood (1894) avec indication des airs.

II. 1 vol. petit in-8°, papier coréen, 82 feuillets. (L. O. V.)

Titre en grands caractères. Préface et table en *en-moun*. Titres anglais des 154 hymnes rédigées en coréen de mesures diverses. A la fin, préface en anglais par H. G. Underwood (mai 1895) et table en anglais.

III. — 1 vol. in-8°, papier blanc, 152 pages.

Édition revue sans indication des airs (1896).

3809.

Tchan syeng si. — Sacred hymns.

1 vol. petit in-8°, papier chinois teinté, 28 feuillets. (L. O. V.)

Titre ; table en *en-moun*. Titres anglais des 54 hymnes. A la fin du volume, tab'e et préface en anglais. Les hymnes, en coréen mesuré, sans rimes, sont adaptées à des airs anglais. Par G. Lee et Mrs. M. H. Gifford (1895).

LIVRE IX. — RELATIONS INTERNATIONALES.

CHAPITRE PREMIER. — TRAITÉS ET CONVENTIONS.

3810.

Kak kouk tyo yak hap hpyen (n° 2805).

1 vol. grand in-8°. (L. O. V.)

3811.

Tjyo a ryouk ro htong syang tjyang tjyeng (n° 2812).

Cf. Archives diplomatiques, 2° série, 29° année, juillet 1889, p. 12 : Corée-Russie, Règlements pour le commerce par terre, 8 août 1888 (d'après le Journal de Saint-Pétersbourg, 11/23 mars 1889).

3812.

Traité austro-hongrois.

1 vol. in-4°, titre et 28 pages.

Imprimé à Tōkyō, Tsukiji type foundry 1892 : Treaty of friendship and commerce ... trade regulations, and import and export tariff, between Corea and Austria-Hungary, signed at Tokyo in the english and chinese languages on the 29th day 5th month 501st year (Corean calendar), corresponding to the 23rd June 1892.

Cf. Archives diplomatiques, 2° série, vol. L. 1894, tome II, p. 288 : Traité de commerce et de navigation, Autriche-Hongrie-Corée, signé le 23 juin 1892, ratifié le 6 octobre 1893.

CHAPITRE II. — DOCUMENTS COMMERCIAUX, ETC.

3813. 官立外國語學校規則

Koan rip oai kouk e hak kyo kyou tjeuk. — Règlement de l'école officielle des langues étrangères.

1 vol. petit in-8°. (L. O. V.)

Titre sur la couverture dans un cartouche. Règlement en 22 articles rédigés en coréen (caractères chinois et *en-moun*). Les langues enseignées sont l'anglais, le français, le russe.

CHAPITRE III. — JOURNAUX, ETC.

3814.

I en (n° 2823).

4 vol. in-folio. (L. O. V.)

3815. 漢城新報

Han syeng sin po. — Journal de Séoul.

4 pages in-folio, papier genre européen, imprimé en caractères mobiles. Autorisé par le Ministère des Communications (japonais) le 6 mars, 28° année Mei-di 明治 (1895) et par le Ministère de l'Agriculture et du Commerce (coréen) le 22 janvier, 1ʳᵉ année *Ken-yang* 建陽 (1896). Daté de l'ère coréenne et de l'ère japonaise. Paraissant tous les deux jours. Rédigé en chinois, chinois et *en-moun, en-moun.* Articles de fond, partie officielle, nouvelles diverses, annonces.

3816.

I. The Independent.

Publié à Séoul par le Dr. Jaisohn, puis à partir de mai 1898, par *Youn Tchi-ho* et enfin par les missionnaires américains en 1899. Autorisation coréenne du 7 avril 1896, japonaise du 14 septembre 1896.

Vol. I, nᵒˢ 1 (7 avril 1896) à 116 (31 décembre) paraissant les mardis, jeudis et samedis en 4 pages de format in-4°, 3 pages en *en-moun* et 1 page en anglais. A partir de la seconde année, les deux textes ont formé deux publications distinctes (voir nᵒ 3816, II);

Vol. II, nᵒˢ 1 à 154, format 38 cent. sur 26, paraissant les mêmes jours (1897, texte anglais seul);

Vol. III, nᵒˢ 1 à 151, même format (1898, texte anglais seul);

Vol. IV, nᵒˢ 1 (8 juin 1899) à 21 (14 décembre), paraissant irrégulièrement; 4 à 8 pages in-4° par numéro (texte anglais seul).

II. *Tok rip sin moun.* — L'Indépendant.

4 pages in-4°, papier genre européen, imprimé en caractères mobiles; rédigé tout en *en-moun.* Paraissant tous les jours, sauf le dimanche. Publié avec l'autorisation officielle accordée au précédent (7 avril 1896). Articles de fond, partie officielle, nouvelles diverses, annonces.

3817.

Mäi il sin moun. — Le Quotidien.

4 pages grand in-8°, papier genre européen; imprimé en caractères mobiles, paraissant même le dimanche. Autorisé le 26 janvier, 2ᵉ année *Koang-mou* 光武 (1898). Articles de fond, partie officielle, nouvelles diverses, annonces; rédigé tout en *en-moun.*

3818. 皇城新聞

Hoang syeng sin moun. — Journal de la Capitale.

4 pages d'abord in-4°, puis in-folio; papier genre européen; imprimé en caractères mobiles; paraissant tous les jours, sauf le dimanche. Autorisé le 8 mars 1898; daté d'après le calendrier moderne (solaire) et d'après l'ancien (lunaire). Articles de fond, partie officielle, nouvelles étrangères, nouvelles diverses, annonces; rédigé partie en chinois, partie en chinois et *en-moun.*

3819.

Tyei kouk sin moun. — Journal de l'Empire.

4 pages grand in-8°, papier genre européen; imprimé en caractères mobiles; paraissant tous les jours, sauf le dimanche. Autorisé le 8 août 1898. Articles de fond, partie officielle, nouvelles diverses, annonces; rédigé tout en *en-moun*.

3820. 時事叢報

Si să tchong po. — Le Temps.

4 pages in-folio, papier genre européen; imprimé à l'aide de caractères mobiles en noir ou rouge ou vert suivant les jours; paraissant tous les deux jours. Je n'ai pas trouvé la date d'autorisation; le n° 10 est du 16 février 1899. Daté selon l'ancien et selon le nouveau calendrier. Articles de fond, nouvelles et avis officiels, nouvelles étrangères, nouvelles diverses, annonces; rédigé en chinois, et en chinois et *en-moun*.

3821. 商務總報

Syang mou tchong po. — Moniteur du commerce.

4 pages in-folio, papier genre européen, imprimé en caractères mobiles. Autorisé le 11 mars 1899; 1ᵉʳ numéro du 15 avril 1899. Articles de fond, nouvelles officielles, nouvelles diverses, nouvelles spéciales, annonces; rédigé tout en *en-moun*.

INDEX ALPHABÉTIQUE.

―――

TITRES D'OUVRAGES.

NOMS D'HOMMES.

INDEX DES CARACTÈRES.

TITRES D'OUVRAGES.

NOMS D'HOMMES, ETC.

李淙遠 *Ri Tjyong-ouen*.......... 3702
李湛 *Ri Tam*............. 3257
李熙悳 *Ri Heui-tek*.. 3702
李獻慶 *Ri Hen-kyeng*......... 3302
李珥 *Ri I*............... 3242
李畬 *Ri Sya*............. 3459
李睟光 *Ri Syou-koang*......... 3660
李祜 *Ri Ho*............... 3385
李禎翊 *Ri Tjyeng-ik*....... 3303
李秀鳳 *Ri Syou-pong*......... 3486
李秉模 *Ri Pyeng-mo*......... 3242
李秉謨 *Ri Pyeng-mo*......... 3308
李緯 *Ri Tjăi*.............. 3476
李興宗 *Ri Heung-tjong*........ 3465
李舜臣 *Ri Syoun-sin*....... 3308, 3596
李荇 *Ri Hăing*............ 3641
李衡佐 *Ri Hyeng-tja*.......... 3275
李補 *Ri Po*............... 3385
李觀命 *Ri Koan-myeng*........ 3318
李象靖 *Ri Syang-tjyeng*........ 3311
李載克 *Ri Tjăi-keuk*......... 3313
李載敦 *Ri Tjăi-ton*......... 3313
李進 *Li Tsin*............. 3686
李鎬冕 *Ri Ho-myen*.......... 3282
李震興 *Ri Tjin-heung*......... 3479
李鴨擧 *Li Ya-kiu*.......... 3709
李鼎 *Li Ting*............ 3686
李鼎秉 *Ri Tyeng-pyeng*........ 3478
林慶業 *Rim Kyeng-ep*..... 3313, 3458, 3705.
林樂知 *Rim Ak-tji*......... 3480
枕兩堂 *Tchim-ou-tang*........ 3346
松雲大師 *Syong-oun tai-să*....... 3461
東坡 *Tong-pho*.......... 3292
東岳 *Tong-ak*............ 3343
東崖 *Tong-ai*............ 3307
柳台佐 *Ryou I-tja*.......... 3478
柳宗元 *Lieou Tsong-yuen*....... 3292
柳成龍 *Ryou Syeng-ryong*...... 3268
柳瑾 *Ryou Keun*.......... 3480
柳義孫 *Ryou Eui-son*........ 3434
桂宰 *Kyei-tjăi*............ 3304
桓祖 *Hoan-tjo* (n'a pas régné)...... 3427
栗谷 *Ryoul-kok*........... 3305

梁亨遇 *Ryang Hyeng-ou*......... 3307
梁大樸 *Ryang Tai-pok*........ 3307
梁慶遇 *Ryang Kyeng-ou*...... 3307
楓溪 *Hpoung-kyei*......... 3464
楊浦 *Yang-kpo*.......... 3605
楊鎬 *Yang Hao*.......... 3516
槎川 *Sa-tchyen*........... 3340
榮章 *Yeng-tjyang*.......... 3480
樗軒 *Tjye-hen*............ 3299
樂善君 *Rak-syen koun*......... 3572
檀君 *Tan-koun* (2333-1286)..... 3450
權健 *Kouen Ken*.......... 3398
權倘夏 *Kouen Syang-ha*....... 3303
權弘 *Kouen Hong*.......... 3513
權應銖 *Kouen Eung-syou*...... 3309
權懷素 *Khiuen Hoai-sou*...... 3525
權敦仁 *Kouen Ton-in*....... 3454
權氏 *Kouen si*............ 3600

歐陽脩 *'Eou-yang Sieou*.......... 3292

正宗 *Tjyeng-tjong* (1776-1800)..... 3266, 3278, 3296, 3306, 3334, 3409, 3478, 3496, 3517, 3541, 3558, 3562, 3563, 3564, 3576, 3585, 3610.

水觀 *Syou-koan*................. 3735
永叔 *Yong-chou*.............. 3292
永安府院君 *Yeng-an-pou ouen-koun*................ 3593
永樂 *Yong-lo* (成祖)........... 3682
永爕 *Yeng-syep*.............. 3472
江漢 *Kang-han*.............. 3330
汝豪 *Ye-ho*................. 3290
汪雲程 *Oang Oun-tjyeng*......... 3694
沈俟 *Chen Heou*............. 3686
沈氏 *Sim si*................ 3394
沈煥之 *Sim Hoan-tji*.......... 3307
河靖一 *Ha Tjyeng-il*.......... 3725
法海 *Fa-hai*................ 3730
洪世泰 *Hong Syei-htai*......... 3290
洪命亨 *Hong Myeng-hyeng*...... 3521
洪啓禧 *Hong Kyei-heui*... 3263, 3463, 3466.
洪啓英 *Hong Kyei-yeng*......... 3290

羅雅谷 Lo Ya-kou 3675

翼宗 Ik-tjong (n'a pas régné). 3295, 3386,
3387, 3566.

翼祖 Ik-tjo (n'a pas régné) 3543

翼靖 Ik-tjyeng 3412

老學菴 Ro-hak-am 3375

而巳厂 I-i-han 3253

肅宗 Syouk-tjong (1674-1720) 3459,
3512, 3517, 3531, 3541, 3590, 3659.

肯堂 Keung-tang 3341

自醒翁 Tjă-syeng-ong 3279

舜 Choen (2255-2205) 3716

艮翁 Kăn-ong 3339

芝峯 Tji-pong 3660
芝湖 Tji-ho 3335
芙蓉堂 Pou-yong-tang 3739
芸窩 Oun-oa 3344
花山君 Hoa-san koun 3573
范驎 Fan Lai 3682
茅坤 Mao Khoen 3292
茅闥叔 Mao 'An-chou 3292
英宗 Yeng-tjong (英祖) 3517
英祖 Yeng-tjo (1724-1776) . . 3278, 3279,
3280, 3412, 3459, 3498, 3512, 3517,
3541, 3544, 3558, 3559, 3560, 3620,
3648, 3662.
草竹 Tcho-tjyouk 3465
荷汀 Ha-tyeng 3380
莊烈王后 Tjang-ryel oang-hou 3557
莊獻世子 Tjang-hen syei-tjă. 3517, 3575,
3576, 3577, 3582.
董鼎 Tong Ting 3268
蔡濟恭 Tchai Tjyei-kong . . . 3309, 3435
蔡爾康 Tshai Eul-khang 3480
蘇洵 Sou Siun 3292
蘇軾 Sou Chi 3292
蘇轍 Sou Tche 3292

蘇頌 So Yong 3699
蘭第錫 Lan Ti-si 3709

虛舟堂 He-tjyou-tang 3741

行策 Hing-tshe 3724

袾宏 Tchou-hong 3718
裴相說 Păi Syang-yel 3283

觀世音 Koan-syei-eum, Koan-chi-
yin, Avalokiteçvara 3729

許穆 He Mok 3532
諸氏 Tjye si 3538

豐安君 Hpoung-an koun 3571
豐安正 Hpoung-an tjyeng 3571

貞純王后 Tjyeng-syoun oang-hou . . . 3559
貞聖王后 Tjyeng-syeng oang-hou . . . 3558
貞菴 Tjyeng-am 3326
貞顯王后 Tjyeng-hyen oang-hou 3589

趙休國 Tchao Hieou-koe 3686
趙善璙 Tchao Chăn-liao 3271
趙寅永 Tjyo In-yeng 3451
趙敬夏 Tjyo Kyeng-ha 3646
趙榮祜 Tjyo Yeng-ou 3444
趙榮順 Tjyo Yeng-syoun 3333
趙毅仲 Tjyo Eui-tjyoung 3290
趙泰采 Tjyo Htai-tchăi 3315
趙觀彬 Tjyo Koan-pin 3320

農巖 Nong-am 3314

近菴 Keun-am 3468
退之 Thoei-tchi 3292
退溪 Htoi-kyei 3252, 3276, 3305
退軒 Htoi-hen 3333

郭汾陽 Koo Fen-yang 3351
郭濂 Koo Lien 3272
鄭元容 Tjyeng Ouen-yong 3404
鄭夏彦 Tjyeng Ha-en 3400

NOMS DE LIEUX, ETC.

ERRATA.

Page 11, col. 1, ligne 8 : au lieu de HONG-PIN 萊 濱, lisez YING-PIN 穎 濱.
Page 66, col. 1, ligne 22 : au lieu de 雇, lisez 顧.
Page 70, col. 2, ligne 10 : au lieu de THOO, lisez THO.

ERNEST LEROUX, ÉDITEUR, RUE BONAPARTE, 28.

PUBLICATIONS

DE

L'ÉCOLE DES LANGUES ORIENTALES VIVANTES

QUATRIÈME SÉRIE.

www.ingramcontent.com/pod-product-compliance
Lightning Source LLC
Chambersburg PA
CBHW071758090426
42737CB00012B/1862